# विस्तार का वैभव

भाग-01

लम्बी कविताओं पर केन्द्रित

संपादक
रचना सिंह



प्रभाकर प्रकाशन

**HB ISBN:** 978-93-56826-58-8
**ISBN:** 978-93-56824-82-9
eISBN: 978-93-56829-14-5



**प्रकाशकः प्रभाकर प्रकाशन**
प्लॉट नं.-63, मेन मदर डेयरी रोड
पांडव नगर, ईस्ट दिल्ली-110092
**फोनः** 011-40395855
**व्हाट्स ऐपः** +91 9319228272
**ई-मेलः** Sales@pharosbooks.in
**वेबसाइटः** www.pharosbooks.in

**संस्करणः** 2025

**मुद्रकः**

**विस्तार का वैभव ( भाग-1 )**
**लम्बी कविताओं पर केन्द्रित**
**संपादक :** रचना सिंह

# भूमिका

लम्बी कविता कोई स्वतंत्र विधा है या नहीं, यह विचार का विषय हो सकता है, लेकिन यह बात असंदिग्ध लगती है कि इस तरह की कविताएँ इस जटिल समय और समाज की अनिवार्य साहित्यिक परिणति हैं। किसी भी विधा का स्वरूप अपने साथ-साथ समय के स्पंदन को स्वीकार करता चलता है। कविता का शिल्प असल में कविता का व्यक्तित्व है या यूँ कहें कि उसकी संवेदना से ही निर्धारित होता है। यही कारण है कि कविताओं का शिल्प या उसकी लंबाई पहले से तय नहीं हो सकती। अभिव्यक्ति की अपनी सीमाएँ और संभावनाएँ एक साथ हैं। इसलिए यह कहना अनुचित नहीं होगा कि कविता अपनी लंबाई स्वयं तय करती है। यह कवि का चुनाव नहीं हो सकता।

लम्बी कविताओं के इस ढाँचे से पूर्व भी खण्ड काव्य तथा महाकाव्य अस्तित्व में रहे हैं। लेकिन लम्बी कविताओं की आधुनिक बनावट तब संभव नहीं थी। इसलिए इन लम्बी कविताओं पर समय से विच्छिन्न हो कर विचार करना असंभव है। विधाओं की इस समय-संपृक्तता को और अधिक पुख्ता करते हुए नए ढब में ये लम्बी कविताएँ अस्तित्व में आईं। यह साहित्यिक बदलाव दरअसल एक व्यापक स्तर के परिवर्तन का भी सूचक था, जिसे हम लम्बी कविताओं के रूप में देखते और जानते हैं, वे वस्तुतः परम्परागत ढाँचे या शिल्प में समाने वाली कविता नहीं है। जब कविता का विषय और उसकी संवेदना ही संकेन्द्रित न हो पाए तो उसके शिल्प से भी यह अपेक्षा बेइमानी है। समय का

वितान और उसकी निरन्तरता धीरे-धीरे कविता के शिल्प में समाहित होते चले गए। आधुनिक समय को उसकी जटिलता में धारण करने के लिए कविता की संरचना को भी नए कलेवर की आवश्यकता थी। दरअसल कविता वर्तमान की आहट से ही संभव हो पाती है। इसी पुस्तक में संकलित एक साक्षात्कार में प्रसिद्ध आलोचक नित्यानंद तिवारी जी कहते हैं–"कविता लिखने के लिए वर्तमान बहुत ज़रूरी है।" ज़ाहिर है कि परम्परागत ढाँचे में वर्तमान की कविता अपने स्वरूप के साथ न्याय नहीं कर सकती। इसीलिए इसे हम लम्बी कविता के रूप में जानते और समझते हैं, 'लम्बेकाव्य' के रूप में नहीं।

कहीं न कहीं हमें इस बात को भी स्वीकार करना होगा कि किसी भी प्रकार कविता का कोई विशिष्ट फार्मूला नहीं होता। बदली हुई और नई परिस्थितियाँ, चले आ रहे विचारों, चरित्रों और कहानियों में नई संभावनाएँ पैदा करती हैं। यह संभावना वस्तुतः कविता के विज़न या उसकी दृष्टि के रूप मे दिखाई देती है। दूसरे शब्दों में कहें तो लम्बी कविताओं में भाव या विचार के स्थान पर दृष्टि या विज़न अधिक महत्त्वपूर्ण होता है।

आधुनिक मानस की जटिलताओं और तनावों को जानने-समझने, सामयिक प्रवृत्तियों से जूझने और हमारे समय की अनकही आवाज़ को समेटने में लम्बी कविताओं की महत्त्वपूर्ण भूमिका रही है। मोटे तौर पर भारतेन्दु युग से ही कविताओं के फॉर्म में बदलाव दिखाई पड़ने लगता है। लेकिन धीरे-धीरे ये कविताएँ आकार में बड़ी होने के बावजूद संश्लिष्ट रूप लेती गईं।

लम्बी कविताओं में कथात्मकता की क्या भूमिका है या हो सकती है? यह विचारणीय है। हिंदी में लिखी गई लम्बी कविताओं के संदर्भ में यह बात देखी जा सकती है कि कथात्मकता इन कविताओं की अनिवार्य विशिष्टता नहीं है। राजकमल चौधरी की 'मुक्ति प्रसंग', धूमिल की 'पटकथा', केदारनाथ सिंह की 'बाघ' आदि अनेक ऐसी कविताएँ हैं, जहाँ कथातत्व या तो नहीं है, या फिर बहुत क्षीण है। हाँ यह कहा जा सकता है कि कथातत्व अब कोई पृथक इकाई न हो कर, कविता की संरचना में घुला-मिला सा था। इसी कारण विचार की तारतम्यता कई बार कथा का आभास देती है। इसे यूँ भी कह सकते हैं कि

पारम्परिक प्रबंध काव्यों की स्थूलता, घटनात्मकता और तारतम्यता का स्थान समय के जटिल और उलझे हुए स्वरूप ने ले लिया, जहाँ विसंगति और विडंबना की महत्त्वपूर्ण भूमिका हो जाती है।

कथात्मकता से जुड़ा एक अन्य पक्ष भी है–चरित्र। लम्बी कविता में चूँकि कथात्मकता क्षीण हुई, इसलिए चरित्र भी अनिवार्य नहीं रहे। 'राम की शक्ति पूजा', 'प्रलय की छाया', 'बाघ' आदि कई महत्त्वपूर्ण कविताओं में चरित्र अपनी उपस्थिति से कविता को आकार देते हैं। 'पटकथा' आदि कुछ ऐसी भी कविताएँ हैं जहाँ चरित्र सतह पर न होकर पृष्ठभूमि में हैं और वे कभी-कभी कविता में दीख पड़ते हैं। दरअसल लम्बी कविताओं की पूरी बनावट में परिवेश की केन्द्रीय भूमिका मानी जा सकती है।

इस पुस्तक के लिए जिन कविताओं को विश्लेषण के लिए चुना गया, वे सभी अत्यंत महत्त्वपूर्ण कविताएँ हैं। लेकिन संभव है कि इस क्रम में कुछ कविताएँ छूट भी गई हों, क्योंकि मेरे ध्यान में वे कविताएँ अधिक रहीं, जिनसे छात्रों का वास्ता बार-बार पड़ता है। ज़ाहिर है कि इन कविताओं पर बहुत कुछ लिखा जा चुका है लेकिन मेरी कोशिश रही कि एक स्थान पर इन सभी कविताओं पर विचार उपलब्ध हो सके। मेरी यह जानने की भी कोशिश रही कि इन कविताओं में एक कवि, रचनाकार या पाठक के तौर पर कैसे देखता और समझता है? यही कारण है कि इस पुस्तक के सभी लेखक मूलतः कवि हैं, विशुद्ध आलोचक नहीं। अधिकांश कवियों ने अपने लेख अपनी ही लिखावट में भेजे, जो मेरे पास सुरक्षित हैं।

लम्बी कविताओं पर विश्लेषणात्मक लेखों के अतिरिक्त इस पुस्तक में दो साक्षात्कार भी शामिल हैं। पहला साक्षात्कार वरिष्ठ और महत्त्वपूर्ण आलोचक नंदकिशोर नवल का है, जो 2015 में लिया गया था। बीमारी की हालत में भी उन्होंने समय निकाला और लम्बी कविताओं पर संक्षिप्त किन्तु सुसंगत बात की, इसके लिए मैं उनकी आभारी रहूँगी। आज वे हमारे बीच नहीं हैं, इस पुस्तक के माध्यम से मैं उनके प्रति सादर श्रद्धांजलि व्यक्त करती हूँ। एक और लंबा साक्षात्कार प्रो. नित्यानंद तिवारी से लिया गया है, जहाँ लम्बी कविताओं के

ज़रिए समाज और साहित्य के विभिन्न कोनों में झाँकने की उनकी विरल दृष्टि सहज ही देखी जा सकती है। लम्बी कविताओं की संरचना और उनकी परम्परा पर प्रो. रामेश्वर राय का लेख भी इस पुस्तक को पूर्णता प्रदान करता है, जो एक प्रकार से इस पूरी पुस्तक का बीज लेख कहा जा सकता है।

अंत में हिन्दू कॉलेज और उसके हिंदी विभाग का आभार, जिसने इस रचनात्मक कार्य के लिए ज़मीन प्रदान की। विशेष तौर पर अनुज पल्लव का आभार, जिनके लगातार आत्मीय उकसावे के कारण इस पुस्तक का प्रकाशन संभव हो सका।

**–रचना सिंह**

# अनुक्रम

# साक्षात्कार

# मुक्तिबोध ने लम्बी कविता को स्वतंत्र विधा का रूप दिया

## प्रो. नंदकिशोर नवल

4 अगस्त, 2015 की सुबह प्रो. नंदकिशोर नवल की बेटी सुश्री पूर्वा भारद्वाज के दिल्ली विश्वविद्यालय के कैंपस में स्थित घर पर 'हस्ताक्षर' की टीम पहुँची। अस्वस्थ होने के बावजूद प्रो. नंदकिशोर नवल ने छात्रों से बातचीत की और लम्बी कविताओं पर सुसंगत रूप से विचार किया। हम हृदय से उनके इस सहयोग के प्रति आभार व्यक्त करते हैं। प्रो. नंदकिशोर नवल से मिहिर, असीम, मोनिका, शशांक और रचना सिंह की बातचीत प्रस्तुत है–

**मिहिर**–मुक्तिबोध के साथ में लम्बी कविताओं पर बात शुरू होती है, उससे पहले लम्बी कविताओं की क्या भूमिका रही और मुक्तिबोध ने उसकी संरचना में क्या परिवर्तन किए?

**नवल जी**–लम्बी कविता पहले भी थी लेकिन मुक्तिबोध ने उसे एक स्वतंत्र विधा का रूप दिया। उनका अंत:लोक इतना बड़ा था कि कविता शुरू करते थे तो उसे जल्दी समाप्त नहीं कर सकते थे। उनकी लम्बी कविताओं में शाखाएँ पर शाखाएँ खुलती जाती हैं लेकिन वे उसे सँभाल लेते हैं। आपने संवेदनात्मक ज्ञान और ज्ञानात्मक संवेदना का नाम सुना होगा। एक शब्द जो लोग भूल जाते हैं वह है–संवेदनात्मक उद्देश्य। मुक्तिबोध अपनी फैंटेसी में चाँद तक उठ जाएँ या पहाड़ को समुद्र में डाल दें, लेकिन वे भटकते नहीं हैं। एक बात यह है कि उनकी कविताओं को ताकत दो स्रोतों से मिलती है। एक स्रोत तो 'मार्क्सवाद' है और दूसरा स्रोत उनका 'अंतर्द्वंद्व'। मुक्तिबोध ने

मार्क्सवाद को आत्मविस्तार के रूप में ग्रहण किया और बड़ी मशक्कत के बाद हिंदी के दूसरे प्रगतिशील कवि और प्रगतिशील आलोचक ऐसा मानते रहे हैं कि वे अंतर्द्वंद्वों से मुक्त होकर प्रगतिशीलता को अपनाएँ, जबकि मुक्तिबोध मध्यवर्गीय व्यक्तित्व और मज़दूर चेतना में ही उलझे रहे हैं। इस प्रसंग को रघुवीर सहाय की एक बात से समाप्त करूँगा कि अन्य प्रगतिशील कवियों ने रास्ते में जो पहली दुकान मिली उसी से प्रगतिशीलता ख़रीद ली। लेकिन मुक्तिबोध के लिए यह शुद्ध स्वार्गिक खरी वस्तु थी।

**असीम**–आधुनिक काल में खण्डकाव्य और महाकाव्य की प्रासंगिकता समाप्त हो जाती है तथा लम्बी कविता उनका स्थान ले रही थी। ऐसी ऐतिहासिक-सामाजिक परिस्थितियाँ क्या थीं कि खण्डकाव्य और महाकाव्य की जगह लम्बी कविता आ गई? क्या ये आधुनिक काल की ज़रूरत है?

**नवल जी**–मैथिलीशरण गुप्त और रामधारी सिंह 'दिनकर' लगातार खण्डकाव्य और प्रबंधकाव्य लिखते रहे। 'दिनकर' जी की 'उर्वशी' की श्रेष्ठता के बारे में कुछ कहना नहीं है और कवियों ने भी खण्डकाव्य लिखे हैं, इसलिए उचित यही मानना होगा कि 1950 के बाद लम्बी कविता और खण्डकाव्य एवं प्रबंधकाव्य दोनो साथ-साथ चलते रहे हैं। साहित्य में कोई विधा दूसरी विधा को समाप्त नहीं करती है। यही कारण है कि गीत विरोधी घनघोर वातावरण में मुक्तिबोध ने गीत का पक्ष लिया। यहाँ तक कि उन्होंने दो-तीन गीत भी लिखे हैं, उन्हीं गीतों में से एक है–'उन्हें ज्योति की ही करने दो बात, चाँद की बात करें हम'

**मोनिका**–लम्बी कविता की संरचना या उन्हें लिखने के लिए किस तरह की तैयारी की जानी चाहिए?

**नवल जी**–कवि की तैयारी अप्रत्यक्ष रूप से चला करती है। यह क्लास नोट्स तैयार करके कॉलेज में छात्रों को पढ़ाने की तैयारी नहीं है। लम्बी कविता की संरचना के बारे में ही तो मैं उन पर कहता रहा हूँ। हाँ, हिंदी की जो दूसरी लम्बी कविताएँ हैं, उन सब की संरचना अलग-अलग है। प्रसाद की 'प्रलय की छाया' हो या निराला की 'सरोज स्मृति' या 'राम की शक्ति पूजा' या अज्ञेय की 'असाध्य वीणा' या राजकमल का 'मुक्तिप्रसंग'।

**असीम**–आपने राम की शक्ति पूजा को पत्नी प्रेम की कविता कहा है। लक्ष्मण के प्रति भी उतना ही प्रेम आ रहा है। यहाँ हनुमान को प्रेम की दृष्टि से खींच रहे हैं। तब ऐसा लगता है कि ये कविता मात्र पत्नी प्रेम की कविता नहीं है, बल्कि डोम के व्यापक क्षेत्र को समेटती है, जिसमें पूरा परिवार एवं प्रियजन शामिल हैं।

**नवल सर**–'राम की शक्ति पूजा' में बहुत पात्र आते हैं; राम, लक्ष्मण, हनुमान, विभीषण इत्यादि। लेकिन इन सबकी परिणति इस रूप में होती है कि राम अपनी शक्ति पूजा को बेहतर बनाने के लिए, पत्नी की मुक्ति के लिए अपनी एक आँख निकालकर चढ़ाने के लिए तैयार हो जाते हैं। इसका प्रमाण न ही इतिहास में मिलता है न ही पुराण में। तात्पर्य उनकी कविता उसके संवेदनात्मक उद्देश्य से भटकनी नहीं चाहिए। महान कविता अपनी संरचना में जटिल होती है, लेकिन इसका यह मतलब नहीं कि उसका एक बड़ा-सा अर्थ होता ही नहीं।

**मिहिर**–'राम की शक्ति पूजा' की भाषा को लेकर हमेशा वाद-विवाद हुआ है। उस समय तो खड़ी बोली में कविता लिखे जाने पर भी भारी मतभेद थे। यदि 'राम की शक्ति पूजा' की आरंभिक सामासिक पंक्तियाँ भी देखें, तो भाषा को लेकर सवाल तो उठता ही है।

**नवल जी**–रामनरेश त्रिपाठी ने 'राम की शक्ति पूजा' पढ़कर कहा था–'यह साँप झाड़ने का मंत्र है' और तो और 'नन्दुलारे वाजपेयी ने उसकी आरंभिक समस्त पदावली को स्वीकार करने से इनकार कर दिया।' इन आलोचकों को समास शैली का औचित्य समझ में नहीं आता। वे नहीं जानते कि राम की शक्ति पूजा का उद्देश्य युद्ध वर्णन नहीं होता है, इसलिए संक्षेप में युद्ध वर्णन कर 'राम की शक्ति पूजा' पर चले आते हैं, जो कि कविता का लक्ष्य है। कहने की आवश्यकता नहीं की 'राम की शक्ति पूजा' के पीछे बांग्ला के कवि 'कृतिवास' की प्रेरणा है।

**मोनिका**–लम्बी कविता में कथात्मकता मिल जाती है। यहाँ तक कि विचार-प्रधान लम्बी कविता में भी कथा का झीना तार मिल जाता है, तो क्या कथात्मकता लम्बी कविता के लिए अनिवार्य शर्त बन जाती है?

**नवल जी**–नहीं, कथात्मकता लम्बी कविता की अनिवार्य शर्त नहीं है। उदाहरण के लिए 'मुक्तिप्रसंग' जिसमें राजकमल ने लम्बी कविता की चिंदियाँ उड़ा दी है।

**असीम**–धूमिल की 'पटकथा' पढ़ते हुए बार-बार तारतम्यता टूटती है और यह टूटना पाठक को छलांग लगाने को प्रेरित नहीं करता, अर्थात् उसे वैचारिकता या चिंतन करने पर मज़बूर नहीं करता। बल्कि उसे गिरने देता है। क्या यह कविता का संरचनात्मक झोल है?

**नवल जी**–धूमिल की 'पटकथा' उत्कृष्ट लम्बी कविता नहीं है। बीच-बीच में कुछ ऐसी पंक्तियाँ आती हैं जो उल्लेखनीय हैं, लेकिन लम्बी कविता के रूप में सफल होने के लिए इतना ही काफ़ी नहीं है।

**असीम**–सर, एक आख़िरी सवाल 'अँधेरे में' को लेकर है। जब वो कविता लिखी गई थी, उस समय वह कविता उस तरह नोटिस में नहीं ली गई थी, जैसे बाद में ली गई। जब उस कविता की ताकत को समझा गया, तो ऐसे क्या कारण थे जब कविता आई थी, तब उन चीज़ों को नहीं पहचाना गया? क्या मुक्तिबोध ज़्यादा दूरदर्शी थे अथवा हमीं लोग उन चीज़ों को समझने में समर्थ नहीं थे?

**नवल जी**–मुक्तिबोध की पहचान देर से हुई क्योंकि वे फ़ैशनवादी कवि नहीं थे, लेकिन जब एक बार पहचान हो गई तो पताका सबसे ऊपर फहराने लगी। उन्होंने अपने एक अंतरंग मित्र से कहा कि–'पार्टनर! मेरी एक पुस्तक निकल जाने दीजिए, हिंदी के अपने समकालीनों में सबसे बड़ा कवि मान लिया जाऊँगा।'

# कविता बिना क्रिटिकल माइंड के नहीं लिखी जा सकती

## नित्यानंद तिवारी

'हस्ताक्षर' की टीम (मिहिर, असीम, मोनिका, शशांक और तनुजा) ने 13 अगस्त, 2015 को प्रो. नित्यानंद तिवारी से लम्बी कविताओं पर एक लम्बी बातचीत की। लम्बी कविताओं पर बातचीत करने के क्रम में ही, उन्होंने समाज और साहित्य के विभिन्न पहलुओं पर अपनी गहन और गंभीर दृष्टि दौड़ाई। 'हस्ताक्षर' की टीग का कोई सदस्य कभी प्रो. नित्यानंद तिवारी का छात्र नहीं रहा है। लेकिन इस साक्षात्कार के बाद छात्रों का उनसे न पढ़ पाने का अफ़सोस जाता रहा और वे कुछ समृद्ध कुछ भरे-पूरे होकर वापस लौटे। प्रो. नित्यानंद तिवारी से बातचीत नीचे प्रस्तुत है–

*(13 अगस्त 2015 को 'हस्ताक्षर' की टीम जब नित्यानंद तिवारी जी के घर पहुँची, तब यह सोचा भी नहीं था, कि लम्बी कविताओं पर आधारित यह बातचीत ढाई घंटे लम्बी चलेगी। एक उत्कृष्ट अध्यापक और महत्त्वपूर्ण आलोचक से हुई यह बातचीत, न केवल 'हस्ताक्षर' की टीम के लिए महत्त्वपूर्ण रही, बल्कि बृहत्तर पाठक भी इससे समृद्ध हो सकेंगे, मुझे विश्वास है। शुरू की अनौपचारिक बातचीत में नित्यानंद तिवारी जी ने यह बात कही कि जिन कविताओं में कथा-सूत्र होता है, उन्हें वे लम्बी कविताओं की श्रेणी में नहीं रखते। इसी क्रम में वे 'राम की शक्ति पूजा' को भी लम्बी कविता नहीं मानते। बहरहाल, यह बातचीत निश्चित ही लम्बी कविताओं पर बातचीत का एक नया प्रस्थान बिंदु बनेगी।)*

*–संपादक*

**नित्यानंद तिवारी**—आप लोगों ने रामचंद्र शुक्ल का इतिहास पढ़ा होगा। इन कविताओं को उन्होंने आमतौर पर निबंधात्मक कविता कहा है। निबंध में कुछ भी हो सकता है—घटना भी हो सकती है, कहानी भी हो सकती हैं और एकदम मन मुताबिक अभिव्यक्ति—वो भी हो सकती है। तो कुछ-कुछ ऐसा लगा कि इन कविताओं में भी नया हो रहा है। शुरुआत तो हो गई थी भारतेंदु से। भारतेंदु ने फॉर्म तोड़ा। अब जान-बूझकर तोड़ा था या अनजाने में तोड़ा...अनजाने में ही तोड़ा। पर कविता का फॉर्म टूट गया। मैं मानता हूँ, 'प्रबोधिनी' और 'विजय वैजयन्ती'—ये जो कविताएँ हैं, लम्बी कविताएँ हैं। इनमें घटनात्मकता है, फिर भी लम्बी कविताएँ हैं और मैं मानता हूँ कि घटना से जो डेवलपमेंट होता है, कथा का जो विकास होता है, वो नहीं है। इसके अलावा ज़रूरी नहीं कि कोई चरित्र ही हो, जैसे खण्डकाव्य या महाकाव्य में चरित्र होता है। अब यही देखो कि महाकाव्य, खण्डकाव्य या मुक्तक काव्य कोई नहीं लिखता। गीत और कविता में दो फॉर्म डेवलप होते हैं, आधुनिक युग में और उसमें चरित्र धीरे-धीरे मद्धिम पड़ते जाते हैं और बाद में उनका लोप हो जाता है। लम्बी कविताओं में चरित्र लुप्त है। केवल एक आभास होता है उसका। असल में होता ये है कि लम्बी कविता हो, कहानी हो या कुछ भी हो, लेकिन जो फॉर्म होता है, जो विधा है, वो लेखक पर निर्भर नहीं करती। लेखक नहीं बना सकता उसे। चाहे सर पटककर मर जाए, वो विधाएँ नहीं पैदा कर सकता। शैलियाँ अपनी बना सकता है। शैलियाँ व्यक्तिगत होती हैं। लेकिन जो विधाएँ होती हैं, जो फॉर्म होता है, वो ऐतिहासिक प्रक्रिया में समाज में जब कुछ नया घटित होता है, तो वो अपने लिए फॉर्म ढूँढ़ता है और नया फॉर्म पैदा होता है। अब देखो आधुनिक युग में आदमी की कोई परिभाषा दी गई? अब रीतिकाल तो कुछ नहीं कहता लेकिन भक्तिकाल में मनुष्य को डिफ़ाइन किया गया और जैसे आज विद्रोही मनुष्य है न, उसी तरह से भक्त मनुष्य की एक नई कल्पना भक्ति ने दी। भक्ति के मुद्दे सामाजिक हैं। सामाजिक इस मामले में कि अगर मैं उल्लेख करूँ, श्रीमद् भागवत का, ता वो भक्ति का गणित है, धर्म का गणित है और उसकी जो मुख्य समस्या है वो उपासना का अधिकार पाने की है। उपासना धार्मिक काम हो सकता है लेकिन उपासना का अधिकार धार्मिक नहीं

है। मतलब एक सोशल कॉन्टेंट मनुष्य को डिफ़ाइन करके भक्त मनुष्य बनाता है। आध्यात्मिक तो था ही, पर सोशल हुए बिना उसकी आध्यात्मिकता परिभाषित नहीं होगी। आधुनिक युग में आदमी बदल रहा है। आधुनिक युग में आध्यात्मिक संदर्भ लुप्त हो रहा है धीरे-धीरे; अंग्रेज़ों की औपनिवेशिकता से मुक्ति की समस्या है अब। अब जैसे भारतेंदु का 'हिंदी की उन्नति' पर हम एक व्याख्यान हैं, उसमें ये कहा है–'होय मनुष्य ही क्यों भये, हम ग़ुलाम वे भूप। हम भी आदमी हैं और अंग्रेज़ भी, दोनों आदमी है। फिर क्या हुआ कि हम ग़ुलाम हो गए और वे राजा हो गए?...तो मैं ये मानता हूँ कि आधुनिक युग का यह केंद्रीय प्रश्न है, जो भारतेंदु उठाते हैं।

**मिहिर**–आपने जो बात की उससे मुझे भी कुछ नई चीज़ें समझ में आ रही हैं। ये दो बिंदु आए कि एक तो लम्बी कविता और आधुनिकता दोनों को आपने एक दूसरे से जोड़ कर दिखाया। दूसरा, जो आपने पहले बताया कि कथातत्त्व और चरित्र दोनों लम्बी कविता में एक तरह से घटते चले जाते हैं, कम होते जाते हैं। मैं तीसरी चीज़ जोड़ रहा हूँ, उसमें कि आधुनिकता के साथ जो गद्य आता है साहित्य में, तो कहीं जिसको कथातत्त्व कह रहे हैं...कथातत्त्व या कहानी कहने की जो शैली है, उसको एक और एवेन्यू मिल गया। उसको एक और ज़रिया मिल गया अभिव्यक्त होने का, तो कविता एक तरह से मुक्त हो गई और कविता में कथा कहने की जो मज़बूरी थी, वो नहीं रही।

**नित्यानंद तिवारी**–कथा कहना ज़रूरी नहीं है। अगर कथा कहने लगे तो वो लम्बी कविता नहीं है।

**असीम**–तो फिर एक बात पूछी जा सकती है कि जिस तरह परम्परा चली आ रही है, यह माना जाता है कि 'राम की शक्ति पूजा' एक अच्छी कविता है, जबकि इसमें कथा तत्त्व मौजूद है, 'असाध्य वीणा' में भी है और 'अँधेरे में' में भी मिल जाएगी, तो इन्हें हम लम्बी कविता न मानें तो क्या मानें? लम्बी कविता की संरचना क्या है?

**नित्यानंद तिवारी**–मैं बता रहा हूँ। अभी तुम इतना जानो कि यहाँ क्या बदलाव आया? जैसे-जैसे बदलाव आया है, कहीं न कहीं जुड़ गया। अभी मैं

कह रहा था कि हम ग़ुलाम थे—पहले माया के ग़ुलाम, अब भाषा के राजनैतिक ग़ुलाम। तो प्रकृति बदल गई न! जब प्रकृति बदल गई तो ऐसा विभाव चाहिए। कविता के भाव को धारण करने वाला कोई चरित्र हो, चरित्र में भी हो तो कुछ ऐसा चाहिए जो इस बदलाव को धारण करे, तो भारतेन्दु ने उस समय 'प्रबोधिनी' लिखी। 'प्रबोधिनी' कविता में तीन हिस्से हैं—एक भक्त रक्षक कृष्ण का, दूसरा गोपी वल्लभ कृष्ण और तीसरा भारत रक्षक कृष्ण का। दो रूप यानि भक्त रक्षक और गोपी वल्लभ तो हमारी काव्यधारा में मिलते हैं, लेकिन भारत रक्षक कृष्ण नहीं मिलते। तो एक ऐसी कविता लिखी भारतेंदु ने, जिसके केंद्र में है वर्तमान। कविता लिखने के लिए वर्तमान बहुत ज़रूरी है, तो उस वर्तमान के बिंदु पर खड़े हैं भारतेंदु।

कविता बिना क्रिटिकल माइंड के नहीं लिखी जा सकती। लम्बी कविता भी बिना क्रिटिकल माइंड के नहीं लिखी जा सकती और वो परम्परा को एसेस करने वाली होती है। भारतेंदु देखते हैं कि जैसी परिस्थिति है, उसमेंश्रृंगारी कृष्ण हमारे काम नहीं आएँगे। कविता के दूसरे हिस्से में जहाँ गोपी वल्लभ कृष्ण हैं, वहाँ एक क्षण में भयंकरश्रृंगार है। भगवान कृष्ण जब उठते हैं तो देखते हैं कि कहीं पर उनके कपड़ों में चूड़ी लटकी है, कहीं कुछ लिपटा है...ये नायिका है। लेकिन उसके तुरंत बाद भारतेंदु एकदम आकस्मिक ढंग से कहते हैं—

***"जागहुँ भारतनाथ बेगि जागहुँ अब जागहुँ,***
***नहिं त डूबत भारतनाथ, बेगि जागहुँ अब जागहुँ।"***

एकदम लगता है जैसे धक्का देकर के तोड़ा जा रहा हो परिस्थिति को और कृष्ण को जगाया जा रहा हो कि हमारी रक्षा करो। अगर कृष्ण आध्यात्मिक स्तर पर ही हमारी रक्षा करेंगे, तो वो काम नहीं आएगा। उस कृष्ण को अब भारत रक्षक बनना पड़ेगा यानि आध्यात्मिक कृष्ण को अब पॉलिटिकल कृष्ण बनना पड़ेगा।

एकाएक आप देखते हैं कि नए फॉर्म आ जाते हैं। नए-नए विचार आ जाते हैं। लगता है कि दुनिया ही बदल गई है। इस बदलाव में निरूपक संरचनाएँ एकदम बदल गईं। आप देखेंगे कि आधुनिक युग में अलंकार काम नहीं आएगा।

अलंकार निरूपक संरचना है। अब आपको बिंब लाना होगा। बिंब अलंकार की तरह नहीं होता है। बिंब अनुभव का प्रमाण है। वह अनुभूति और अभिव्यक्ति, दोनों को इस तरह संश्लिष्ट करता है कि आप उन्हें अलग नहीं कर सकते, तो ये जो लम्बी कविता है...ये फॉर्म है, ये समाज और इतिहास से पैदा होता है। अच्छा...इसको हम लोग लम्बी कविता कहते हैं। लम्बा काव्य कहिये तो? नहीं कह पाएँगे। गड़बड़ हो जाएगा, नहीं चलेगा। लम्बी कविता ही चलेगा, तो इस तरह से काव्य और कविता एक ही चीज़ है लेकिन व्यवहार में समय के साथ कितना बदलाव आ जाता है। इस प्रकार फॉर्म कोई तात्त्विक बात नहीं है। लम्बी कविता हो, महाकाव्य हो या मुक्तक–इसका तत्त्ववाद से कोई मतलब नहीं है। विधाएँ जेनेरिक होती हैं। जब जेनेरिक होंगी, तो उनमें इतिहास महत्त्वपूर्ण हो जाएगा, दर्शन नहीं होगा। इतिहास महत्त्वपूर्ण होगा, समाज महत्त्वपूर्ण होगा और उनमें तमाम घटित होने वाली जो चीज़ें हैं, वो महत्त्वपूर्ण हो जाएँगी।

लम्बी कविता भी कविता के जीन्स से ही निकली है, लेकिन लम्बाई का एक अलग फॉर्म भी हो सकता है और जैसे कभी-कभी आप देखिए... बारिश में जो पलस्तर बिखर गया है, उसमें कई तरह के आकार दिख जाएँगे। चंद्रमा में कई तरह के आकार दिख जाएँगे। मतलब अब तक जो देखा नहीं गया था, वो आकार उभरने लगे हैं। जीवन में, समाज में और संभावनाएँ पैदा हो गई हैं। जैसे मोटा-मोटी रूप में आप देखें तो स्त्रियाँ और दलित–ये बार-बार आकार दे रहे हैं साहित्य को, भावना को, विचार को, दर्शन को–सबको आकार दे रहे हैं। आप देख सकते हैं कि आकारों का एक वृत्त बन रहा है, तो अब इसको कौन भरेगा? महाकाव्य में संभव नहीं है, खण्डकाव्य में संभव नहीं है, कथाकाव्य में भी संभव नहीं है। इसीलिए ऐसा आकार चाहिए जहाँ कई आकार एक साथ हों, कहीं टकराते हों, कहीं समानांतर हों या कहीं ऐसे ही हों। जो राजनीतिक, सामाजिक और ऐतिहासिक मनुष्य आता है, वो इनके भीतर आकारों की संभावना पैदा करता है। विचारों की संभावनाएँ तो पैदा होती ही हैं, उन्हीं में से एक लम्बी कविता है जिसका सामाजिक वज़ूद है। मुक्तिबोध की कविता में ये है। अज्ञेय की जो कविता है, असाध्य वीणा उसमें एक विज़न है, लेकिन वैयक्तिक है।

वैयक्तिक बुरा नहीं है लेकिन वैयक्तिकता को परम मूल्य मानना ग़लत है। अगर व्यक्ति या व्यक्तिवाद परम मूल्य है, यह विज़न तो है लेकिन वो लम्बी कविता है कि नहीं, इसके बारे में मुझे संदेह है। मुक्तिबोध की कविता में जो विज़न है, उसके कारण और उसकी संरचना के कारण 'अँधेरे में' लम्बी कविता है। अज्ञेय की एक कविता है न 'उधार', जिसमें कवि या मान लीजिए कविता का वाचक जब सवेरे उठता है, तो धूप खिली हुई है, उसका मन प्रसन्न हो जाता है। वह धूप से गरमाई माँगता है उधार। हवा बड़ी अच्छी चल रही है, हवा से वो गति माँगता है। आकाश है एकदम साफ़-सुथरा...उससे निर्मलता माँगता है। दूब है, उससे हरापन माँगता है और सबने उसको दिया। जब सबने उसको दिया तो लिखा ये है कि इससे मैं समृद्ध हुआ, मैं बना हूँ और इसी से मेरा निर्माण हुआ है। उस कविता में एक 'कोई' आता है अँधेरे में। अँधेरा वहाँ भी है और अँधेरे में 'कोई' आता है और वो कहता है कि–'तुम मुझे थोड़ा-सा प्यार दो उधार, इसे मैं सौ गुना करके लौटा दूँगा।' तब कथावाचक कहता है कि जिसको सब कुछ बाहर से मिला है... कहता है कि प्यार और उधार? ये कैसे हो सकता है? इस पर अँधेरे में वाला 'कोई' बताता है...वो जो भी हो... अब ये नहीं मालूम वो कौन है...वो कहता है कि तुम्हारी अचकचाहट, ये निराशा, ये हताशा...ये सब कुछ...ये यातना... ये उल्लास, जो ये अनुभव करते हो, ये ही प्यार है। ये अनुभव ही प्यार है। ये मुझे दे दो। मैं तुम्हें सौ गुना करके लौटाऊँगा। कविता का वाचक सोचता है कि जो मेरे जीवन भर की कमाई है। क्या पता ये लौटाएगा या नहीं? अगर नहीं लौटाएगा तो मैं ख़ाली हो जाऊँगा, 'तब से मैं चुप हूँ'। ये है व्यक्ति। एक प्वाइंट पर ले जाकर आपको अभिव्यक्तिहीन बना देता है और 'ज़ोन ऑफ साइलेंस' जैसी चीज़ आ जाती है। मुक्तिबोध को कोई आत्मसंभवा परम-अभिव्यक्ति मिलती है न! फिर इसका कारण क्या है कि मुक्तिबोध की कविता 'वह' और 'मैं' में बँटी हुई है। 'वह' जो है वह 'मैं' को...मैं जो है वह व्यक्ति है जो मैं को उत्तुंग शिखरों पर बैठा देता है, बहुत ख़तरनाक जगहों पर ले जाता है और बहुत परेशान करता है। इस तरह से संवाद होता है। यानि संवाद बिना ख़तरे के संभव नहीं है। संवाद करना पड़ेगा। अज्ञेय की कविता संवादमुक्त है।

**असीम**–इसमें मेरा एक सवाल है सर। संवाद की बात अगर लम्बी कविता के संदर्भ में की जाए, तो असाध्य वीणा को पढ़ते हुए तो साफ़ लगता है कि वीणा से संगीत निकला है और वो संगीत वहाँ उपस्थित हर व्यक्ति के साथ संवाद करता है। वो राजा के साथ, रानी के साथ, सबके साथ संवाद करता है। जो भी वहाँ उपस्थित है, वो उस संगीत के साथ अपना संवाद करता है और उसको अभिव्यक्ति भी मिलती है। अगर 'अँधेरे में' में मुक्तिबोध को मिलती है तो अज्ञेय के यहाँ केश-कम्बली को भी मिलती है।

**नित्यानंद तिवारी**–अच्छा, आप मूल को देखिये। ये जो पूरी कविता है कि एक वीणा है, जो बज नहीं रही है। जिसने वीणा बनाई थी, उसका ध्यान कर लेता है, तो वीणा बज जाती है। इसका मतलब कि कविता का पूरा स्ट्रक्चर ध्यानात्मक है। ध्यानात्मक कविता क्या संवाद करेगी? जो भी चीज़ें होंगी, सब आपके दिमाग़ की उपज होगी। वो समाज की चीज़ें नहीं हैं। वो संवाद वास्तव में समाज से उभरा हुआ संवाद नहीं है। अज्ञेय ने ख़ुद ही लिखा है कि–'मैं समाज से ही तथ्य को लेता हूँ, लेकिन उसे अपने कविता के कारख़ाने में ले जाकर उसका संस्कार करता हूँ।' यानि अज्ञेय के जितने प्रयोग हैं, वे प्रयोग सामाजिक अनिवार्यता के कारण नहीं हैं।

**असीम**–सर, एक छोटा-सा सवाल और। 'अँधेरे में' एक बहुत लम्बी कविता है। वहाँ जहाँ संवाद है, उसमें 'मैं' और 'वह' दोनों हिस्से मुक्तिबोध के हैं तो ध्यान वाला हिस्सा तो 'अँधेरे में' भी आता है। मुक्तिबोध भी उसका सहारा लेते हैं।

**नित्यानंद तिवारी**–बिलकुल ठीक कह रहे हो। मुक्तिबोध ने ख़ुद ही लिखा है, जब 'तार सप्तक' का दूसरा संस्करण निकला तब...उसमें है या पहले मुझे ध्यान नहीं है...पर उन्होंने लिखा है कि नई कविता का जो आदमी है, उसमें जो बेचैनी है, कुंठा है, यातना है...वो सब मुझमें है। लेकिन जैसे ही मुझे मार्क्सवाद का संबल मिला, मार्क्सवादी विचारधारा को जैसे ही मैंने पढ़ा और उसको समझने लगा, तो धीरे-धीरे ये चीज़ें छिलने लगीं। ये कुंठा, ये त्रास, ये बेचैनी धीरे-धीरे कम होने लगेंगी। मतलब ये चीज़ें एंटी ह्यूमन हैं।

**असीम**–अज्ञेय की बहुत-सी कविताएँ ऐसी हैं हमारे सामने, जैसे–'यह दीप अकेला'...इसको भी पंक्ति को दे दो....

**नित्यानंद तिवारी**–ठीक है इसी को लो। देखो अज्ञेय पूरी तरह से अस्तित्ववादी कवि नहीं हैं, उसका विरोध भी करते हैं। कंट्राडिक्शंस हैं। मैं ये नहीं कहता कि अज्ञेय बिलकुल बेकार कवि हैं। अगर आप मेरी क्लास में होते तो...मैं पूरा अज्ञेय पढ़ा जाता था साल भर और आप पता नहीं कर सकते थे कि मैं अज्ञेय को पसंद नहीं करता, तो उनकी जो ख़ूबियाँ हैं, उनकी चर्चा यहाँ नहीं करूँगा। अज्ञेय ने ख़ुद मान लिया था कि व्यक्ति स्वातंत्र्य परम मूल्य है...एब्सॉल्यूट वैल्यू। उसी क्षण आप आधुनिकता से अलग हो गए क्योंकि आधुनिकता किसी चीज़ को एब्सॉल्यूट मानती ही नहीं है। सोशियो-हिस्टॉरिक चिंतन किसी चीज़ को परम नहीं मानता। चाहे आप व्यक्ति को मानिये या भगवान को, क्या फ़र्क़ पड़ता है? ढाँचा तो वही है आपका। इसलिए अज्ञेय के ढाँचे में कोई फ़र्क़ नहीं पड़ा और इसीलिए ये रहस्यवादी हो जाते हैं। भावुकता की ओर उनका झुकाव हुआ कविता में।

**मिहिर**–ये है कि अज्ञेय भी हैं, मुक्तिबोध भी...?

**नित्यानंद तिवारी**–दोनों बड़े पोएट हैं।

**मिहिर**–हाँ, दोनों बड़े पोएट हैं। दोनों किसी एक खाँचे में पूरी तरह फिट नहीं होते...।

**नित्यानंद तिवारी**–नहीं होते।

**मिहिर**–तो ये बड़े कवि की पहचान है कि कंट्राडिक्शंस होंगे ही।

**नित्यानंद तिवारी**–इसीलिए तो अज्ञेय बड़े कवि हैं।

**मिहिर**–दोनों का अनुभव संसार एक है। दोनों का समय एक है लेकिन दोनों की उस अनुभव-संसार को समझने की जीवन दृष्टि अलग-अलग है।

**नित्यानंद तिवारी**–डाइमेंशन अलग-अलग हैं।

**असीम**–मैं मुक्तिबोध पर एक सवाल पूछना चाहूँगा। 'अँधेरे में' कविता पाँच वर्षों में लिखी गई–'57 से 62 तक'–और तब नोटिस नहीं ली गई। उनकी

मृत्यु के बाद उनका साहित्य धीरे-धीरे नोटिस में आना शुरू हुआ। उनका पहला संग्रह ही उनकी मृत्यु के बाद आता है...।

**नित्यानंद तिवारी**–नहीं, नहीं ऐसा नहीं। 1956 में तो कविता छप गई थी–'आशंका के गीत अँधेरे में।' उस पर लेख भी लिख दिया था नामवर जी ने। वो 56 में नोटिस में ले ली गई थी।

**असीम**–नामवर जी आदि को छोड़ दें, तो एक व्यापक समाज इससे कटा रहा एक लम्बे समय तक। मुक्तिबोध को जो स्थान मिलना चाहिए था, वो बाद में मिला तो इसका क्या कारण था? या तो हम अदूरदर्शी थे या मुक्तिबोध ने जल्दी देख लिया चीज़ों को।

**मिहिर**–इसी सवाल को दूसरे तरीके से पूछें, तो बाद में मुक्तिबोध की प्रासंगिकता बढ़ी है। ऐसे कवि बहुत कम हुए हैं, जिनकी प्रासंगिकता समय के बाद बढ़ी है।

**नित्यानंद तिवारी**–मैं दो लोगों का ज़िक्र करना चाहूँगा। निराला के साथ भी यही हुआ। मैंने देखा कि निराला और मुक्तिबोध का जो प्रोज़ है, उसमें भी अटपटापन है, कविता में भी अटपटापन है। मुक्तिबोध की कविता में भी अटपटापन है...निराला की कविता में भी अटपटापन है...और इस अटपटेपन को ये समझा गया कि कवि की अयोग्यता है...कमज़ोरी है। ये नहीं समझा गया कि ये अटपटापन समाज का एक सच है...और वहाँ से आया है। उसे निराला ने पकड़ा, मुक्तिबोध ने पकड़ा, उग्र ने पकड़ा। तुम वाक्यों का विन्यास देखो...वैसा वाक्य कोई कविता में लिखता ही नहीं है, तो कंट्राडिक्शन उनके भीतर शुरू से रहा है। निराला के जो छंद हैं, वो दोनों प्रकार के हैं–छायावाद का छंद और छायावादी कविता के विरोध में प्रगतिशील कविता के जैसा छंद दोनों मौजूद हैं तो वे शुरू से चल रहे हैं समानांतर। एक बात ये कि लगता है कि मुक्तिबोध, निराला बहुत मार खाए लोग हैं, संघर्ष है वहाँ पर। अज्ञेय की कविता पढ़ो, ऐसा लगता है। ये जो कविता तुमने कही 'यह दीप अकेला' तो आप जानते हैं कि जेस्चर महत्त्वपूर्ण होता है। इस कविता का अर्थ देखिए

जेस्चर से निकलेगा। शब्दों और वाक्यों से नहीं निकलेगा। अगर उन्हीं पर आप जाएँ तो फिर अज्ञेय महान हैं। जेस्चर में जाएँ तो पता चलेगा कि वो कहाँ हैं। यह दीप अकेला है, गर्व भरा है, मदमाता है। ये है कि हमारा व्यक्तित्व इतना बड़ा है, इतना गर्व भरा है, मदमाता है। लेकिन चलो, समाज भी एक चीज़ है, तो इसको भी पंक्ति को दे दो। इसको जोड़िये उनकी आइडियालॉजी से। अज्ञेय ने कहा है कि व्यक्ति समाज से स्वतंत्र नहीं है। समाज में स्वतंत्र है। समाज में स्वतंत्र यानि भूमिका विहीन। अगर व्यक्ति समाज से स्वतंत्र है, तब तो कोई बात ही नहीं है, लेकिन अगर समाज के कारण वो परतंत्र है तो समाज से लड़ाई लड़ो। इसका एक प्रमाण है 'शेखर: एक जीवनी' में। उसमें एक प्रयोग वो कर रहे हैं। शेखर वेश्याओं के मुहल्ले में जाता है अनुभव प्राप्त करने, तो क्या अनुभव लाते हैं? एक हलकी-सी वितृष्णा के अलावा कुछ नहीं। वेश्याओं के जीवन से एक हलकी-सी वितृष्णा ही आपका अनुभव है? प्रेमचंद को देखिए या और दूसरे लेखकों को देखिए, वो उस व्यवस्था को नष्ट करना चाहते हैं। हम वेश्याओं के मुहल्ले में इसलिए नहीं जाएँगे कि उनके प्रति मेरे मन में वितृष्णा या घृणा होगी, बल्कि इसलिए जाएँगे कि उनकी जो जीवन दशा है, उसमें कुछ सुधार हो। कवि होने का या मनुष्य होने का अर्थ ही क्या है? अगर हम उसमें सुधार नहीं कर सकते।

**असीम**–सर अब तक मेरा पिछला सवाल साफ़ नहीं हो पाया है। आप कह रहे थे कि 'राम की शक्ति पूजा' और 'प्रलय की छाया' वगैरह को आप लम्बी कविता नहीं मानते, इसकी कथात्मकता के कारण। ये भी अजीब विरोधाभास ही है कि जब हम नन्दकिशोर नवल जी को पढ़ रहे थे, तो उन्होंने एक पुस्तक की भूमिका में लिखा है कि देखा जाए तो कथात्मकता लम्बी कविताओं के लिए एक ज़रूरी तत्त्व है।

**नित्यानंद तिवारी**–ऐसा है, लम्बी कविता दुनिया भर में सबसे पहले कौन-सी लिखी गई है? टी. एस. इलियट ने लिखी–'द वेस्ट लैंड'। पढ़ लो टी. एस. इलियट को...।

**असीम**–हिंदी की सबसे पहली लम्बी कविता कौन-सी है?

**नित्यानंद तिवारी**–भारतेन्दु की 'प्रबोधिनी' है, हिंदी की सबसे पहली लम्बी कविता। उसमें बिलकुल कथा नहीं है। एक भाव है वहाँ।

**असीम**–एक सवाल यह है कि कथात्मकता अगर होगी लम्बी कविता में, तो किस सीमा तक हो सकती है?

**नित्यानंद तिवारी**–नहीं, कथात्मकता होती ही नहीं। अगर हुई तो लम्बी कविता नहीं है वो। भाव हो सकते हैं।

**मोनिका**–फिर तो 'असाध्य वीणा' को भी हम लम्बी कविता नहीं मानेंगे। उसमें तो पूरी कथा ही है।

**नित्यानंद तिवारी**–नहीं, नहीं। क्यों नहीं? 'असाध्य वीणा' को मानेंगे लेकिन प्रश्नवाचक चिह्न के साथ।

**असीम**–मैं आपसे ये ज़रूर पूछना चाहूँगा कि हमारे पास जो सूची है, उसमें से आपके अनुसार लम्बी कविताएँ कौन-कौन-सी हैं? जैसे 'अँधेरे में'?

**नित्यानंद तिवारी**–है।

**असीम**–'असाध्य वीणा' भी है और 'पटकथा' धूमिल की?

**नित्यानंद तिवारी**–है।

**असीम**–सर, 'पटकथा' को लेकर मेरा एक सवाल है। 'संसद से सड़क तक' में एक से एक अच्छी कविताएँ हैं, लेकिन पटकथा जब हम पढ़ते हैं तो उसमें बहुत बिखराव है। वो बिखराव ऐसा नहीं है जो पाठक को सोचने पर मज़बूर कर सके। वो टूटने वाला बिखराव है।

**नित्यानंद तिवारी**–ऐसा है कि जो बिखराव है...आप ये देखिये कि 'कामायनी' में बिखराव है कि नहीं? 'साकेत' में है कि नहीं। बहुत है। बिखराव नहीं होगा तो यह संदेह उठेगा कि आधुनिक युग की कविता है या नहीं? क्योंकि आधुनिक युग में इतने तरह के दबाव हैं और ऐसे में एक सुसंगत व्यक्ति नहीं हो सकता। सुसंगत व्यक्ति अगर मिल गया तो फिर वो पूजा करने लायक होगा। गांधी जी में भी ऐसा नहीं था।

**मिहिर**–गांधी जी के कई अनुयायियों में सुसंगति मिलती है...स्वयं गांधी जी के अंदर विरोधाभास है।

**नित्यानंद तिवारी**—इसका मतलब ये है कि जो देखता है, समय के अनुसार देखता है। हमारे मित्र विश्वनाथ त्रिपाठी कहा करते हैं कि कबीर भक्त कवि थे लेकिन अगर कभी उनसे पूछता कि भगवान है कि नहीं तो पंक्ति उद्धृत करते—'मैं का जानू राम को, कबहु न देखी आँख' तो जो देखता है...सभी चीज़ों को सुसंगत ढंग से देखना बढ़ईगिरी है।

**शशांक**—सर, कविता एक भाव है। भाव स्वच्छंद है। वो जैसे आता जाता है, वैसे ही विन्यास घुलता जाता है। तो क्या छोटे भाव को लम्बी कविता में ढाला जा सकता है?

**नित्यानंद तिवारी**—पहली बात तो ये कि लम्बी कविता का आधार मूलतः भाव नहीं होता। बिना भाव के कविता लिखी जा सकती हैं...जैसे 'नदी के द्वीप', भाव निकालकर दिखा दीजिए उसमें। प्रमुख कविताओं में से एक मानी जाती है। भाव का संश्लेष ही नहीं। जितनी महत्त्वपूर्ण कविताएँ मिलेंगी आपको, उनमें भावतत्त्व अपेक्षाकृत कम प्रभावी होगा।

**मोनिका**—लम्बी कविता में विचार होता है?

**नित्यानंद तिवारी**—विचार हो या न हो, विज़न होता है।

**असीम**—'कुआनो नदी' में भी थोड़ा कथातत्त्व है। उसको आप लम्बी कविता मानते हैं?

**नित्यानंद तिवारी**—देखो, होने को तो चीज़ें होती भी हैं, तो ये है कि कविता के भीतर कंट्राडिक्शन रहता भी है। मैं ख़तरा उठाकर के कहता हूँ कि लम्बी कविता में घटना और घटना से निकलने वाला कथातत्त्व नहीं होना चाहिए। इसीलिए मैं कहता हूँ कि ये बाहर से लिया गया है। भले ही हमारे अपने इतिहास के भीतर से निकली हुई वास्तविकता है, लेकिन इसे...।

**मिहिर**—आप जो बात कह रहे हैं, वो कथातत्त्व वाली कविताओं के बारे में है, लेकिन ग़ैर कथातत्त्व वाली कविताओं को समझने के लिए भी बड़ी काम की चीज़ें हैं।

**नित्यानंद तिवारी**—कथातत्त्व तो सबको मालूम है कि महत्त्वपूर्ण चीज़ है...

लेकिन आधुनिक जीवन में आकारों की बहुलता है, विचारों की नहीं। जैसे मैंने दीवार का ज़िक्र किया था न कि कई तरह के आकार दिखाई देते हैं।

**मिहिर**–कथातत्त्व वाली जो बात आपने कही, सिनेमा के संदर्भ में मुझे एक पैरलल दिख रहा है उसका। सिनेमा के संदर्भ में दो चीज़ें बहुत महत्त्वपूर्ण मानी जाती हैं। सिनेमा का जन्म आधुनिकता के साथ भी जुड़ा हुआ है और शहरीकरण की प्रक्रिया के साथ भी और एक ऐसा बिलकुल नया माध्यम, जो सौ साल पहले पैदा हुआ, बीस-तीस सालों के अंदर ही बाक़ी सारे कला माध्यमों को पीछे छोड़ इतनी लोकप्रियता हासिल कर ली, ऐसी क्या बात थी? इस पर बहुत लोगों ने विचार किया। शहरीकरण की जो पूरी प्रक्रिया है और जो हमारा नये तरह का अनुभव है तथा सिनेमा का जो अनुभव है, उसमें क्या कुछ कॉमन है? क्या एक जैसा है, जिसकी वजह से सिनेमा शहरी जीवन के भीतर एक ख़ास जगह पैदा करता है? इस पर बहुत सारे सोशल साइंस के विद्वानों ने सोचा कि शहरी जीवन आपको एक ख़ास तरह की जीवन पद्धति में जीना सिखाता है...शहर में रहते हुए, अपने आस-पास की गतिविधियों से अपने आप को अलग कर लेंगे। मेरे अनुभव-संसार में रोड पर ट्रैफिक जाम है, तो आपको उससे अपने आप को अलग करना है। सिनेमा भी आपको सिखा रहा है कि जो परदे पर दिखा रहा है, उससे अपने आप को अलग करना है, तो शहरी जीवन का जो अनुभव है और सिनेमा देखने का जो अनुभव है, दोनों चीज़ें आपस में जुड़ जाती हैं।

**नित्यानंद तिवारी**–ये बहुत बड़ीं थ्योरी रखती है एनिमेशन वाली...उससे फ़र्क़ तो पड़ता ही है। डिस्टेंस एक बड़ी चीज़ है, उसने आलोचना को बहुत प्रभावित किया है। इन्वाल्व मत होइए, डिस्टेंस से देखिए।

**असीम**–एक बात पंत की 'परिवर्तन' को लेकर पूछना चाहता हूँ। 'परिवर्तन' पढ़ते हुए लगता है कि उसमें दोहराव बहुत है...।

**नित्यानंद तिवारी**–हाँ मैं भी मानता हूँ।

**असीम**–तो एक बड़ा कवि जब कुछ लिखता है तो यह दोहराव खलता है। तो ऐसा क्यों हुआ? क्या लम्बी कविता को लिखने के लिए बहुत तैयारी की ज़रूरत पड़ती है?

**नित्यानंद तिवारी**–देखो, तैयारी की बात मैं नहीं जानता। उनका जो अनुभव है, वह महत्त्वपूर्ण है। लम्बी कविता रुचि की बात नहीं, अनुभव की बात है। इस समय मुझे याद नहीं आ रहा है ठीक से कि 'परिवर्तन' में बार-बार रिपीट होता है। वैसे पंत तो बड़े कलाकार हैं और ये भी जानते हैं कि रिपीट नहीं होना चाहिए। कई बार जो रिपीटेशन होता है, वो घनत्व देने के लिए भी यानि अपने अनुभव को घनीभूत करने के लिए भी हो सकता है।

**मोनिका**–आपने बताया कि कोई भी विधा सामाजिक-राजनीतिक कारणों से आती है लेकिन वो विधा तो बनती ही है। तो कोई भी रचनाकार जब लम्बी कविता लिख रहा है, तो किस स्थिति में वह तय करता है कि अब लम्बी कविता लिखी जाए या लम्बी कहानी लिखी जाए?

**नित्यानंद तिवारी**–आप मुझसे ये सवाल नहीं पूछ सकते। ये सवाल आप कवियों से पूछिए। कथाकारों से पूछिए।

**तनुजा**–धूमिल ने 'पटकथा' में पुरानी भाषा को छोड़कर नई भाषा का प्रयोग किया। तो क्या इस तरह भाषा का बदलना हिंदी कविता के प्रारूप का बदलना है?

**नित्यानंद तिवारी**–मैंने इसीलिए शुरू-शुरू में थोड़ा विस्तार कर दिया था। मैंने ये कहा था कि निरूपक संरचनाएँ बदल जाती हैं। जब किसी नये यथार्थ का उभार होता है और कोई कवि या लेखक उसे धारण करता है, तो उसकी निरूपक संरचना बदल जाती है। इसमें एक्स-रे वगैरह जो चीज़ें हैं–ये एक समय तक अकाव्यात्मक थी, लेकिन उसे भी कविता में जगह दी गई। कारण, यथार्थ था। उस यथार्थ को अकाव्यात्मक नई भाषा ही व्यक्त कर सकती थी।

**असीम**–जी सर। जो नई भाषा उसमें है, वह पहले नहीं थी। एक तरीके से वो बिलकुल हिंदी कविता के चले आ रहे ढाँचे को क्रैक कर देती है।

**नित्यानंद तिवारी**–हाँ, क्रैक तो होता ही है। बिना क्रैक के कुछ नहीं बनता और ये हमेशा हुआ है। आदिकाल की कविता पढ़िए, भक्तिकाल की कविता पढ़िए। एक और ज़रा कठिन चीज़ है। किसी ने मुझसे पूछा कि विद्यापति में बड़ा शृंगार है। मैंने कहा 'हाँ' शृंगार तो है लेकिन विद्यापति के पहले हिंदी कवियों में

किसमें श्रृंगार है? कहीं है ही नहीं। जो है, वो कामुकता है। तो विद्यापति ने कितनी बड़ी बात की कि उन्होंने कामुकता को श्रृंगार में बदला। कामुकता फिज़िकल है, श्रृंगार नहीं। ये काम बहुत बड़ा था। ये सबसे संभव नहीं होता। जो प्रेम करेगा, वो तो श्रृंगार समझेगा, जो प्रेम नहीं करेगा, वो श्रृंगार नहीं समझेगा।

**मोनिका**–शमशेर की कविता 'टूटी हुई बिखरी हुई' भी 'मैं' तक सीमित रहती है, मतलब उसमें बिंब तो बहुत बनते हैं लेकिन ऐसा संवाद कहीं नज़र नहीं आता...समाज से संवाद।

**नित्यानंद तिवारी**–देखो, इस कविता पर बहुत बढ़िया निबंध लिखा है अनामिका ने। उसमें तरह-तरह के प्रसंग हैं। संवाद इस तरह हो ज़रूरी नहीं है। 'टूटी हुई बिखरी हुई' ये शीर्षक ही दे दिया था, ये यथार्थ का जो प्रकट होना है...अब जो संवाद की बात है, तो कई बार कविता का एक टुकड़ा, दूसरे टुकड़े से संवाद करता है, तो कविता के भीतर जो टुकड़े हैं, उन टुकड़ों का आपस में रिलेशनशिप है, यह भी महत्त्वपूर्ण है। कई बार ऐसा होता है कि कुछ न कहेंगे और संवाद होगा। जैसे मान लीजिए कि हम क्लास कर रहे हैं और मेरा कोई परम शत्रु आकर बैठ जाए...तो मैं अव्यवस्थित हो जाऊँगा। संवाद हो गया। तो उसी तरह से कविता के एक टुकड़े के साथ दूसरा टुकड़ा कैसे बैठ गया है या एक जगह दो, तीन को छोड़कर चौथे स्थान पर जो टुकड़ा है, वह कैसे दो-तीन को लाँघ के बैठ गया है–यह देखने की बात है।

**मिहिर**–यह केवल कविता से जुड़ा हुआ सवाल नहीं है बल्कि समय से जुड़ा हुआ सवाल भी है कि पंद्रह-बीस सालों में जिस तरह से परिवर्तन आए हैं, उससे लम्बी कविता में आप उससे आगे-आगे की परम्परा बनते देख रहे हैं। क्या नए अनुभव आ रहे हैं, जो रचना-संसार के ढाँचे में दोबारा तोड़-फोड़ करें?

**नित्यानंद तिवारी**–ये जो नई लम्बी कविता आ रही है, उसके बारे में तो संभवतः मैंने सोचा भी नहीं है। इसलिए मैं बात नहीं कर पाऊँगा। लेकिन इधर जो बाज़ार का दबाव है। इस समय से पहले इतना नहीं था। तद्भव में राजेश जोशी की कविता छपी थी–'दृश्य, विश्व और गाथा'। राजेश जोशी भी इतने नये नहीं हैं–उनकी एक कविता ली है मैंने–

*"ये सिनेमा घर के सामने,*
*छूटी हुई जगह में,*
*एक नये मॉडल की,*
*चमचमाती कार,*
*एक विकलांग बच्चे को,*
*डरा रही है कार धीरे-धीरे,*
*आगे बढ़ रही है,*
*और डरता,*
*घबराता,*
*गिरता पड़ता,*
*उलटे पाँव दौड़ने की कोशिश कर रहा बच्चा,*
*ड्राइवर मुस्करा रहा है,*
*और आस-पास खड़े,*
*तमाशबीन,*
*अंदर ही अंदर,*
*डर रहे हैं,*
*तरस खा रहे हैं,*
*और हँस रहे हैं।"*

–यह एक दृश्य है, जो हमारे समय के बिंबों में बंधा है। दृश्य क्रिएटिव नहीं हैं, लेकिन वही दृश्य जब बिंब में बदलेगा तो क्रिएटिव होगा। पूरी कविता के केंद्र में डर, आनंद, हिंसा, हँसी और तरस अपनी पारस्परिकता में नहीं हैं। सब कुछ अलग-अलग घट रहा है। एक अव्याख्येय क्रूर शक्ति जो हिंसा में आनंद और आनंद में हिंसा करती है, वह दृश्य बना रही है। यह नया है। बिंब आमतौर पर एक जटिल मार्मिक संवेदना बिंदु वह विश्व यह काम तो करता ही है, यह एक अतिरिक्त और ज़्यादा का बचाव होता है। महत्त्वपूर्ण करता है कि वह इतिहास के भीतर अपने को खींचता है। इसका प्रमाण यह है कि बिंब, भाव और अनुभूति के जटिल क्षेत्र में नहीं है। वह समय में घटित होता है। समय में

आने वाले बदलाव की प्रक्रिया को बताता है। यह बिंब, भाव और अनुभूति के क्षेत्र का अतिक्रमण करते हुए समय और इतिहास में धँसता है। अब ये नितांत वर्णन है, लेकिन बड़ी कविता है। मैं अरुण कमल की कविता का ज़िक्र करूँगा–

*"उधर के चोर भी अजीब हैं,*
*लूट और डकैती के,*
*अजीबो-ग़रीब किस्से,*
*कहते हैं, ट्रेंड डकैती,*
*सात बजते-बजते,*
*संपन्न हो जाते हैं।"*

–तो ये एक ख़ास चीज़ है। मतलब बरसात में गाँव में तो बिजली होती नहीं थी, तो उस समय खाना-पीना खा के लोग चारपाई पर चले जाते थे, क्योंकि डकैतों को जल्दी सोने की आदत है और चूँकि सारे मुसाफ़िर, बिना टिकट, ग़रीब, गुरबा और मज़दूर जैसे लोग होते हैं। इसलिए डकैत किसी से झोला,किसी से अंगौछी, किसी से चुनौटी, खैनी की डिबिया, छीनते-झपटते, चलती ग।ाड़ी से कूद, अरहर के खेत में गुम हो जाते हैं और लूट की जो घटना अभी-अभी प्रकाश में आई है, उसमें बलधानी लुटेरों के एक दल ने दिन-दहाड़े एक कच्चे खेत में लगा चने का साग खोद डाला। तो यही है...लेकिन इसमें भी हैरतअंगेज़ चोरी की है चने का साग खोदकर। कल्पना कीजिए क्या ग़रीबी है? जैसे रेणु ने साक्षात किया था, उसी तरह से ये है। लेकिन उससे भी हैरतअंगेज़ है चोरी की एक घटना जो संपूर्ण क्षेत्र में आज चर्चा का विषय है–

*"कहते हैं,*
*एक चोर,*
*सेंध मार घर में घुसा,*
*इधर-उधर तोड़-ताड़ किया,*
*और जब कुछ न मिला,*
*तब चुहानी में,*
*रखा बासी भात और साग,*

*खा लिया।"*
*बासी भात,*
*जो हँडिया में रखा जाता है पानी में कि ख़राब न हो।*
*"थाल नहीं छोड़ गया,*
*वह तो पकड़ा ही जाता,*
*यदि दबा न ली होती,*
*डकार..."*

एक-एक पंक्ति सिचुएशन क्रिएट करती है। आप जाइए, देखिए लोगों को खाना नहीं मिलता है। ये कविता बताती है कि जो लोग शाइनिंग इंडिया या दुनिया भर के प्रचार किए जा रहे हैं, इन्हें इतिहास बनाना नहीं है, भोगना है। सब भोग रहे हैं। ये एक नेशनल पैटर्न है बिहेवियर का कि जो इतिहास बनाता है, वो उसको बर्दाश्त नहीं कर सकता और जो इतिहास बना रहा होता है, उसको हर तरफ़ से समाप्त करने की कोशिश की जाती है। व्यवस्था तो यही करती है।

**शशांक**—मेरे दो प्रश्न हैं। पहला ये कि कविता का क्या भविष्य है और दूसरा ऐसा माना जाता है कि सौ कवियों या कहानीकारों में से कोई एक आलोचक होता है, तो आलोचक होने की क्या शर्त है?

**नित्यानंद तिवारी**—इनसाइट होना चाहिए। ख़ूब पढ़ना चाहिए। विश्लेषण का तरीका होना चाहिए। जो अपनी पद्धति बनाए, वही आलोचक। कुछ कर सकता है और मैंने ये कहाँ से सीखा। जितने बड़े वैज्ञानिक होते हैं, रिसर्च करते हैं अपनी प्रयोगशाला में। वे प्रयोग के उपकरण ख़ुद बनाते हैं। तो अगर आलोचक भी ये चाहता है कि उसकी कोई देन हो, तो उसको अपनी पद्धति और अपने विश्लेषण का तरीका नया बनाना होगा।

**शशांक**—सर, जो पहला प्रश्न था कि कविता का भविष्य क्या है?

**नित्यानंद तिवारी**—कविता का भविष्य मैं क्या बताऊँ। यही सवाल द्विवेदी जी से पूछा गया, एक कॉलेज में। मैं भी गया था सुनने, तो उन्होंने जवाब दिया कि शायद लोगों को पता चल गया है कि मैं ज्योतिषी हूँ...ख़ैर। एक बात है कि कविता अभी भी प्रतिपक्ष की ही भूमिका निभाती है, तो इसका तात्पर्य ये कि

वो शक्ति संरचनाओं के साथ नहीं है। वह उन्हीं मानवीय संरचनाओं के साथ है, उन्हीं भावों के साथ है, जो निरंतर अपने को सामाजिक रूप में परिभाषित करते हैं। तो अगर व्यक्ति भाव को सामाजिक बोध से परिभाषित किया जाता है, तो कविता लिखी जाएगी और नहीं करेगा तो नहीं लिखी जाएगी।

**मिहिर**—स्त्री विमर्श और दलित विमर्श, दोनों अस्मिता विमर्श पिछले कुछ सालों में उभरे हैं। उन दोनों के बारे में मेरी समझ तो यही है कि वो घोर सामाजिक है। चाहे वे व्यक्ति के रूप में सामने आ रहे हैं, लेकिन रचनाएँ घोर सामाजिक हैं। आत्मकथा होते हुए भी उसमें चीज़ें बदलने की कोशिश की गई है।

**नित्यानंद तिवारी**—हाँ, वो तो है ही और करना पड़ेगा...। जैसे वो तुलसीराम का 'मुर्दहिया' जो है...।

**मोनिका**—लम्बी कविता में सामान्यतः अतीत का ज़िक्र ज़रूर आता है तो ये अतीत का आना आकस्मिक है या संरचना की एक ज़रूरत है?

**नित्यानंद तिवारी**—नहीं, ज़रूरत भी होती है। जहाँ ज़रूरत होती है, वहाँ अतीत आता है, जहाँ नहीं ज़रूरत होती है, वहाँ नहीं आता है। देखो, आकस्मिक रूप से अगर आ जाता है, तो वो सस्ती चीज़ है। लेकिन अगर संरचना की ज़रूरत है, तो उसका मूल्य हो जाता है। लेकिन अतीत किसी विशेष भूमिका में आता है, केवल अतीत को व्यक्त करने के लिए नहीं। अतीत, आधुनिक के साथ किसी तुलना, किसी रगड़, किसी संघर्ष की भूमिका में आए तो ठीक है। अन्यथा नहीं।

**मोनिका**—ऐसा भी हो सकता है कि वर्तमान में ऐसी चीज़ें नहीं मिलतीं। रचनाकार को उसको दिखाने के लिए अतीत में जाना पड़ता है।

**नित्यानंद तिवारी**— देखो, रचना में हमेशा वर्तमान सबसे अधिक मूल्यवान होता है। उस वर्तमान को पाने के लिए चाहे जिस चीज़ का इस्तेमाल हो, सब जायज़ है। आप ये देखिए कि विज़न बहुत बड़ा है। हम ये जानें कि उड़ीसा में लोग मिट्टी खाते हैं। मैं कुछ नहीं जानता। कहाँ लोग मिट्टी खाते हैं, कहाँ लोग कंकड़ की तरकारी खाते हैं? हम लोग अपने हिंदुस्तान को कितना जानते हैं। इस तरह की जो जानकारी है, वो हमारा विज़न बना रही है।

**मिहिर**–सर, देश की छोड़ दें, हम दिल्ली शहर में रहते हैं। ऐसी चीज़ें, ऐसी जगहें हैं कि किसी को अंदाज़ भी नहीं है। 2011 में रवीश, जब 'रवीश की रिपोर्ट' बना रहे थे, तो एकदम हिस्टॉरिकल इसलिए बन गया कि रवीश ने कहा कि मैं तो दिल्ली के बाहर इसलिए नहीं गया रिपोर्ट बनाने, क्योंकि मेरे पास बजट नहीं था और इस मज़बूरी की वजह से वो दिल्ली के अंदर जगह ढूँढ़ने लगे। 5 रुपये रोज़ की दर पर काम करने वाली महिलाएँ हैं, जो इसलिए काम नहीं छोड़ना चाहती क्योंकि गाँव में तो वो भी नहीं है।

**नित्यानंद तिवारी**–अब बताइये, ये साहित्य की व्याख्या करने वाले लोग कहते हैं कि ग़रीबी। ये भी कोई तत्त्व हुआ, ये भी कोई बात हुई, जिसकी गणना हो साहित्य में! क्यों नहीं होगी? जीवन का सत्य है वो...और उस ग़रीबी के बारे में आपको कोई ध्यान ही नहीं है। गांधी जी ने देखा कितना बड़ा रूपांतर हुआ। उन्होंने कपड़ा पहनना छोड़ दिया। एक छोटा-सा कपड़ा पहनने लगे। विवेकानंद ने देखा तो उन्होंने संन्यासी का वस्त्र पहनना शुरू कर दिया। लेकिन उन्होंने ये कहा कि, 'जिस देश में इतनी ग़रीबी है, उस देश में भगवान और धर्म की बात करना अश्लीलता है।' आप देखिए, ये एक संन्यासी कह रहा है...।

# लेख

# कुछ भूमिका जैसा...

## रामेश्वर राय

'लम्बी कविताओं' पर बात करने के पीछे यह समझ थी कि रूप और अंतर्वस्तु के स्तर पर आधुनिक रचनाशीलता का सर्वाधिक व्यापक और घनत्वपूर्ण साक्ष्य लम्बी कविताओं मे मिलता है। महाकाव्य, खण्डकाव्य एवं मुक्तक के विभिन्न भेदो की तरह लम्बी कविता शास्त्रीय ढंग से लक्षणबद्ध नहीं है। एक समय ऐसा था, जब परिभाषाएँ जीवन से अधिक प्रामाणिक थीं। रचना अपनी प्रामाणिकता के लिए शास्त्र निर्भर थीं। सूत्र, परिभाषा और शास्त्र दैवीय चेतना से अभिमंत्रित थे, लेकिन समय के उलटरफेर में इनकी आभा फीकी पड़ने लगी। परिवर्तन गति और ईश्वर विहीन दुनिया में सार्थकता और प्रामाणिकता के पुराने प्रतिमान पीछे छूट गये। ऐसी स्थिति में आधुनिक अनुभव और वास्तविकता को अभिव्यक्ति के लिए एक नये काव्यरूप की ज़रूरत महसूस हुई। लम्बी कविता ने इस ऐतिहासिक ज़रूरत को पूरा किया। वस्तुतः लम्बी कविता का रूप विधान और उसकी अंतर्वस्तु कवि-कर्म की नई अवधारणा और रचना तथा यथार्थ के संबंधों की सूचक थी। हिंदी में जो लम्बी कविताएँ हैं, उनमें विन्यासगत भिन्नता इतनी अधिक है कि उन्हें एक श्रेणी में रखना तार्किक नहीं लगता। एक सिरे पर 'राम की शक्ति' पूजा है, जिसमें आख्यान का सघन गुंफन है और जो अपने उदात्त स्थापत्य तथा अर्थव्यंजना में महाकाव्य का स्मरण दिलाती है, दूसरी ओर 'अँधेरे में' है, जो अपनी आख्यान विहीनता के बावजूद सत्ता, आत्मस्वीकृति और रचनाकर्म की सार्थकता की खोज की असमाप्त बेचैनी से एक जटिल आख्यान का संसार रचती है, जिसमें स्वातंत्र्योत्तर भारतीय जीवन का अँधेरा बहुआयामी प्रतीकात्मक आशयों के साथ दर्ज़ हुआ है। तीसरी ओर, 'मुक्तिप्रसंग' और 'लुकमान अली'

जैसी लम्बी कविताएँ विचार और भाव की किसी भी तरह की क्रमिकता और संबद्धता का सुनियोजित निषेध करती है। रचना के एक ही भूखण्ड पर कविताएँ जलवायु की भिन्नता की तरह फैली हैं। ऐसी स्थिति में 'लम्बी कविता' के रूप-विधान और उसकी परिभाषा का कोई सुनिश्चित ढाँचा निश्चित करना संभव नहीं है। ऐसे में सवाल उठता है कि 'लम्बी कविता' किसे कहा जाये? क्या किसी कविता की प्रदीर्घता उसे लम्बी कविता की श्रेणी में ले आती है? एक प्रदीर्घ कविता भी विषय-वस्तु के साथ भावात्मक व्यवहार के कारण गीतात्मक हो सकती है। ऐसी स्थिति में मत-भिन्नता के बावजूद लम्बी कविता के कुछ आधारभूत लक्षण तय किये जा सकते हैं। लम्बी कविता की मूल प्रवृति वैचारिक होती है, भावात्मक नहीं। वह गीत की तरह स्वतः स्फूर्त नहीं होती। उसकी रचना-प्रक्रिया के नेपथ्य में विचार और तनाव की धीमी आँच रहती है। लम्बी कविता अपने विन्यास से ही नहीं, बल्कि विचारों की जटिलता और तनाव की मंथर निरंतरता के कारण भी निर्मित होती है। नाटकीयता भी लम्बी कविताओं का एक महत्त्वपूर्ण लक्षण है। यहाँ नाटकीयता का अर्थ परिस्थितियों और विचारों के तनावपूर्ण टकराव के संयोजन से है। अपनी नाटकीयता के कारण ही लम्बी कविता अर्थ और निष्कर्ष के प्रत्याशित सरहदों का अतिक्रमण करती है। लम्बी कविता की नाटकीयता यथार्थ के उस जटिल संवेदना को बेचती है, जिसे गीतों या पारम्परिक काव्यरूपों में व्यक्त करना संभव नहीं होता। कुछ विद्वानों का मानना है कि लम्बी कविता समापन विहीन होती है।

यानि लम्बी कविता का आरंभ और अंत कला की किसी सुनियोजित संरचना का अनुकरण नहीं करता। वह जीवन की तरह खुली, अनिश्चय से भरी और इकहरे निष्कर्ष को नकारती हुई निर्मित और विकसित होती है। मुक्तिबोध ने अपनी एक कविता में लिखा था–'नहीं होती, कहीं भी ख़त्म कविता नहीं होती, कि वह आवेग त्वरित काल यात्री है।' यह बात लम्बी कविता पर लागू होती है। लम्बी कविताएँ प्रायः वर्णन की जगह बिंब को अधिक महत्त्व देती हैं, यानि बिंबधर्मिता लम्बी कविता का एक निर्णायक रचनात्मक लक्षण है। लम्बी कविता का रचनाकार बिंबों के माध्यम से अपने समय और संवेदना की

बहुआयामी अर्थ छवियों की व्यंजना करता है। लम्बी कविता के संबंध में औसत रूप से यह धारणा बनाई जा सकती है कि अभिव्यक्ति के पारम्परिक रूपों के अक्षम हो जाने पर आधुनिक संवेदना और यथार्थ के नये रूपों को व्यक्त करने के लिए उसका प्रादुर्भाव हुआ। विचार गहनता, नाटकीयता और बिंबधर्मिता को अपने लम्बेकलेवर में नियोजित करती हुई, लम्बी कविता अनुभव, मानवीय संबंध और समय के नये आयामों को दर्ज करती है।

हिंदी में लम्बी कविता की शुरुआत पंत के 'परिवर्तन'(1923) से होती है। लम्बी कविताएँ बीसवीं सदी के तीसरे दशक से इक्कीसवीं सदी के वर्तमान तक फैली हुई हैं। हिंदी की लम्बी कविता संवेदना, विश्व दृष्टि और रचनात्मक आशय के अनेक मोड़ों से गुज़रती हुई विकसित हुई है। इस अंक के लिए चुनी गई लम्बी कविताएँ आधुनिक कविता की विभिन्न काव्य प्रवृतियों का प्रतिनिधित्व करने वाले कवियों की हैं–पंत से राजेश जोशी तक। 'परिवर्तन' (1923), प्रलय की छाया (1933) और ' राम की शक्ति पूजा' (1936), अंतर्वस्तु की भिन्नताओं के बावजूद जिस एक चिंता को साझा करती है, वह है आधुनिक सभ्यता और औपनिवेशिक सत्ता। 'परिवर्तन' में 'आज कहाँ वह पूर्ण पुरातन, वह सुवर्ण का काल'–में पुरातन स्वर्ण काल के खो जाने की पीड़ा है, तो 'प्रलय की छाया' में पवित्रता को खोकर अभिशाप में परिवर्तित हुआ नारी का सौंदर्य है, राम की शक्ति पूजा शक्ति का अन्याय के पक्ष में हो जाने की विडंबना भावावेग के साथ दर्ज़ करती है। ये तीनों कविताएँ क्रमश: नैसर्गिक के खोने की पीड़ा, पवित्रता विहीन सौंदर्य और भोग की आत्महंता लिप्सा तथा शक्ति और अन्याय के नये समीकरण को व्यक्त करती हैं। इन तीनों कविताओं पर भारतीय स्वाधीनता आंदोलन की नैतिक चेतना और गांधीवादी मूल्यों का प्रभाव देखा जा सकता है। छायावादी काव्यानुभूति के बावजूद ये कविताएँ उसकी रचनात्मक अंतर्वस्तु के ढाँचे में दरार पैदा करती हैं। इसके लिए इन कवियों ने काव्य रूपों की पुरानी रूढ़ियों को तोड़कर लम्बी कविता के विधान का प्रयोग किया।

मुक्तिबोध की कविताएँ मार्क्सवादी विचारधारा और व्यक्ति संवेदन के टकराव तथा तनाव से बनी हैं। वे जिस वैचारिक बेचैनी से सभ्यता-समीक्षा

करती हैं, उसी निर्मम ईमानदारी से आत्म-समीक्षा भी। व्यवस्था परिवर्तन का स्वप्न वर्गांतरित होने की कठोर चुनौती से टकराता है और कविता के परिचित संगठन को ढरका देता है। मुक्तिबोध की कविताओं की प्रदीर्घता उस असमाप्य तनाव के कारण है जो विचारधारा और आचरण के द्वैत से पैदा होता है। 'अँधेरे में' परम अभिव्यक्ति की खोज की घोषणा भर करती है। इस कविता का नाभिकीय केंद्र तो पागल का वह प्रलाप है, जो भारतीय मध्यवर्ग एवं बुद्धिजीवी के अवसरवादी चरित्र को बेपर्दा करता है। आज़ाद हिन्दुस्तान की सत्ता, मध्यवर्गीय चरित्र और क्रांति के स्वप्न के ताने-बाने से बुनी गई इस जटिल कविता को हिंदी की कालजयी कविताओं में शुमार किया जाता है। यथार्थ और फैंटेसी के योग से बनी हुई यह कविता अपनी नाटकीयता, बिंब बहुल भाषा और वैचारिक सघनता के कारण लम्बी कविता के प्रतिमान के रूप में स्वीकृत है। मुक्तिबोध से भिन्न अज्ञेय छोटी कविताओं के कवि 'असाध्य वीणा' उनकी एकमात्र लम्बी कविता है। विचार, बिंब और कलात्मक संयम से रची गई, इस कविता का केंद्रीय संदर्भ रचना-प्रक्रिया तथा रचना द्वारा निष्पन्न सत्य की मीमांसा है। शीत युद्ध के दौर में लिखी हुई यह कविता यथार्थ की एकल सत्ता को ख़ारिज करती है। रचना का सच एक नहीं होता और न ही फार्मूलाबद्ध। स्मृति के माध्यम से जीवन के बहुविध और विराट रूपों से संप्रकृति कलाकार को अहम् से मुक्त करती है और मुक्ति के इन क्षणों में अर्जित सत्ता जनतांत्रिक होती है, एकाधिकारवादी नहीं। स्मृति की सृजनात्मक भूमिका और सत्य की जनतांत्रिक सत्ता इस कविता का मुख्य रचना संदर्भ है, जिसे एक बोध आख्यान से रचा गया है। अर्थलय सघन बिंबात्मक और विचार से विचार की तानाशाही को चुनौती देने वाली यह कविता हिंदी की लम्बी कविताओं की मूल्यनिधि है। सर्वेश्वर की 'कुआनो नदी' दिल्ली और कुआनो नदी के अंतराल में फैली हुई ज़िंदगी के माध्यम से विकास की उस एकांगिता की ओर इशारा करती है, जो स्वातंत्र्योत्तर भारतीय राज्य व्यवस्था का सबसे वाचाल नारा है। भारतीय ग्राम्य जीवन का अभाव, ग़रीबी और ठहराव के प्रसंगों के बीच बार-बार दिल्ली आती है और निगाहों के कमज़ोर हो जाने की व्यंजनापूर्ण आवृत्ति भी। यह कविता एक हिन्दुस्तान में उभरते हुए दो-दो

हिन्दुस्तानों की हक़ीक़त का बयान करती है। इन दो हिन्दुस्तानों के बीच बहती हुई नदी है–'कुआनो'। नागार्जुन की 'हरिजनगाथा' प्रतिशोध और प्रतिहिंसा के माध्यम से व्यवस्था परिवर्तन के स्वप्न की कविता है। इस कविता की विडंबना यह है कि पत्रधारा के आवेश में वह अवतारवाद का एक दलित संस्करण तैयार करती है। नागार्जुन का मानना है, 'प्रतिहिंसा ही स्थायी भाव है मेरे कवि का'–हरिजनगाथा प्रतिहिंसा के इसी दर्शन का सगुण रूप है। किसी संगठन के लिए ऐसी कविताएँ चाहे जितनी उपयोगी हों, लेकिन एक रचना के स्तर पर हिंसा और प्रतिशोध का समर्थन कविता विरोधी प्रतिमूल्य है। इस कविता को रचनात्मक विधान कथा और ग्राम्य जीवन के परिवेश और प्रकृति से निर्मित है। हिंदी कविता के इतिहास में 'हरिजनगाथा' की चर्चा विचारधारात्मक आग्रहों के कारण अधिक है। जीवनमूल्य के रूप में यह कविता जो निष्कर्ष देती है, वह उसके कलात्मक उत्कर्ष को धूमिल ही करता है। त्रिलोचन की 'नगई महरा' आरोह-अवरोह से रहित, निहायत एक सपाट जीवन का बयान भर है। 'नगई महरा' नामक पात्र की ज़िंदगी, गाँव-घर और स्वयं कवि की स्मृति को इस कविता ने सपाटबयानि में टाँक भर दिया है। किसी भी तरह की रचनात्मक ऊष्मा के बिना भी कविता लिखी जा सकती है, 'नगई महरा' इसका अपवाद साक्ष्य है। शिल्प और शब्द के प्रति सजग कवि त्रिलोचन की यह कविता अपने शिल्पहीनता और रचनात्मकता के अभाव के कारण चर्चा में आई है।

हिंदी कविता का साठोत्तरी परिदृश्य मोहभंग, युवा पीढ़ी के आक्रोश और पारम्परिक मूल्यों के प्रति विद्रोह से भरा पड़ा है। धूमिल इस दौर के सर्वाधिक मुखर कवि हैं और 'पटकथा' उनकी प्रतिनिधि कविता। राजनीति के चरित्र और कवि के विस्फोटक आक्रोश से बनी हुई यह कविता–जनता, देश, जनतंत्र और संसद जैसे शब्दों के प्रचलित कृत्रिम अर्थ को भाषा के बारूदी विस्फोट से ध्वस्त करती है। 'पटकथा' में आज़ाद हिन्दुस्तान से आम आदमी की भविष्यहीनता का अँधेरा भी है और एक निरुपायता का गहरा एहसास भी, जो कविता को चीख में बदल देता है। राजकमल चौधरी की कविता 'मुक्तिप्रसंग' व्यक्ति की अनास्था और उसके पतन का एक असंबद्ध, प्रलाप शैली में दर्जबयान है। सेक्स,

रोग और नशे के अँधेरे में डूबा हुआ कवि समूचे देश को भी अपनी ज़िंदगी की प्रतिछाया में बदल देता है। देह और देश एक-दूसरे पर आरोपित होते हुए इस कविता के वस्तु संसार का निर्माण करते हैं। इस कविता में अपनी पतनशीलता की स्वीकृति है और उससे मुक्त होने की एक उदास आकांक्षा भी। पढ़ना और कारुणिकता के ध्रुवांत एक अंतर्क्रियात्मक संबंध विधान में सक्रिय दिखते हैं और इस कविता को महत्त्वपूर्ण बनाते हैं।

सौमित्र मोहन की कविता 'लुकमान अली' अकविता का घोषणापत्र है। विद्रोह के मुहावरे का आभास देने वाली यह कविता वस्तुत: मनुष्य के चरम पतन का उत्सवगान है। अराजकता और सभी तरह के जीवन-मूल्यों को रौंदने की कार्रवाई का समर्थन करने वाली यह कविता, भाषा और चरित्र को पतन के उस मुक़ाम तक पहुँचाती है, जहाँ पशु भी मनुष्य से अधिक सभ्य दिखाई दे सकता है। भाषा, भाव और चरित्र की विकृति ही इस कविता का कथ्य है। हिंदी में इस कविता को इसलिए भी याद किया जाता है कि कवि और कविता की दुनिया में 'लुकमान अली' भी संभव है।

लीलाधर जगूड़ी के 'बलदेव खटिक' साठोत्तरी युवा आक्रोश की ही एक कड़ी है, जिसमें इस देश का न्याय और पुलिस तंत्र की हक़ीक़त दर्ज़ है। यह कविता अपने विशेष काव्य मुहावरे के कारण हमारा ध्यान आकृष्ट करती है। व्यवस्था के उस तंत्र के कारण भी जो एक साधारण आदमी को असहाय और विक्षिप्त बनाती है। अपने रचनात्मक आशय में यह कविता धूमिल की 'पटकथा' और राजकमल चौधरी की 'मुक्तिप्रसंग' की तुलना में छोटी और सपाट है।

विनोद कुमार शुक्ल आठवें दशक में 'लगभग जयहिन्द' कविता के साथ चर्चा में आये। एक विशिष्ट भाषिक व्यवहार के कारण हिंदी कविता में उनकी पहचान एक ख़ास तरह के कवि की है। उनकी कविता के रचनात्मक विज्ञान में कलावादी रुझान है और अंतर्वस्तु में यथार्थवादी चेतना का प्रबल आग्रह। कलावाद और यथार्थवाद की गोधुली में यात्रा करती हुई उनकी कविताएँ नागार्जुन की कविताओं की तरह लोकप्रिय नहीं हैं, लेकिन उनमें सामाजिक सरोकारों की गहराई है और प्रयोग की वह साहसिकता भी, जो कविता को

सपाटबयान से उतार लेती है। 'रायपुर बिलासपुर संभाग' उनकी चर्चित कविता है, जिसमें विकास-जनित विस्थापन की त्रासदी को रेखांकित किया गया है।

विस्थापन केवल बाहरी परिघटना नहीं है। वह जड़ों से हमारे रिश्ते को रासायनिक ढंग से बदल देता है। अकेलापन, अजनबीयत और अर्थहीनता विस्थापन जनित वे व्याधियाँ हैं, जिनका कोई निदान आधुनिक सभ्यता के पास नहीं है। यह कविता अपनी बनावट और बुनावट में जीवन को मामूली घटनाओं और दृश्यों के प्रति एक तरल राग पैदा करती है और इस बिंदु पर वह विकास की आधुनिक अवधारणा का प्रतिपक्ष भी रचती है। राजेश जोशी की 'समरगाथा' मार्क्सवादी विचारधारा का स्थूल और ग़ैर-रचनात्मक संस्करण है। अपनी स्थूलता में वह 'नगई महरा' को भी पीछे छोड़ती है। वह विचारधारा को सूचना में और अनुभव को इतिहास की लावारिस क्रमिकता में रख भर देती है। राजेश जोशी जैसे एक समर्थ कवि की यह कविता उनकी सर्वाधिक कमज़ोर कविताओं में से एक है।

छठें दशक के अंतिम दौर में केदारनाथ सिंह प्रगतिशील भाव-भूमि पर एक रूमानी कवि के रूप में उभरे। प्रगतिवादी कविता की सपाट और फॉर्मूलाबद्ध भाषा के स्थान पर बिंबधर्मी व्यंजनात्मक भाषा और गहरी लोकधर्मिता को रूमानी तरलता से रचने के कारण उनकी एक विशिष्ट पहचान बनी। उन्हें गीतात्मक संवेदना के एक समर्थ कवि के रूप में देखा गया। 'बाघ' इक्कीस कड़ियों की एक काव्यशृंखला है, जिसके बारे में कवि का कहना है–'मेरी एक कोशिश लगातार यही रही है कि बाघ को किसी एक बिंदु पर कीलित न किया जाये, वह अपनी एन्द्रिक मूर्तिमता को छोड़कर किसी एक विशेष प्रतीक में बदल जाये। इसीलिए शृंखला की हर कड़ी में बाघ एक नये बाघ की तरह आता है और लगभग हर बार अपने बाघपन के एक नये अनुसंध के साथ।'शृंखलाओं में विभक्त होने के बावजूद क्या बाघ का कोई केंद्रीय रचनात्मक आशय है? यह पूरीशृंखला अपने समग्र प्रभाव में मनुष्य के आदिम संवेदन और उसके वर्तमान अनुभव में पैदा हुई, उस फाँक की ओर इशारा करती है, जिसमें इतिहास और प्रकृति एक जीवित अनुभूति के स्थान पर मिथकीय प्रतीक में बदल गये हैं। यह स्मृति और अनुभूति के विस्थापन के ठंडे अँधेरे में मनुष्य को क़ैद कर देने वाली व्यवस्था है।

'बाघ' जो पंचतंत्र के गुंफित ढाँचे से निकलकर कवि की काव्यानुभूति में प्रवेश करता है और धीरे-धीरे आधुनिक सभ्यता के विडंबनात्मक आशयों में तब्दील हो जाता है। इस तरह यह कविता बीहड़ और सुगम के तनावपूर्ण अंतराल को अपनी रचनात्मकता में धारण करती है।

इस पुस्तक में संकलित ये कवितायें कई कारणों से चर्चित हैं। उनकी व्याख्याएँ और आलोचना भी अकादमिक दुनिया में उपलब्ध है। अन्य कवि की रचनाओं का अन्य कवियों द्वारा विश्लेषण नया, विचारगर्भित और रोचक होगा। इस विश्वास के साथ यह पुस्तक तैयार की गई है।

# ऊर्ध्व जिजीविषा और प्रलय की छाया

## अनामिका

'प्रलय' और 'छाया' दोनों शैव दर्शन के बीज शब्द हैं और बिना इनकी अर्थव्याप्ति समझे हुए हम 'कमला' और 'पद्मिनी' के चरित्र की गाँठें पूरी तरह खोल नहीं पाएँगे।

शैव दर्शन ही क्यों, यूनानी-रोमन-जर्मन आदि जितने भी प्राचीन दर्शन हैं, उनमें यह प्रमेय उभयनिष्ठ है कि प्रकृति विलोमी का समाहार है। जो भी वे दर्शन कहते हैं, उसे सहज घरेलु बिंब में इस प्रकार ढाला जा सकता है कि उन्हें सीधे फंदों से बुना हुआ एक स्वेटर है सृष्टि। शाश्वत और क्षणभंगुर, प्रशांति और आवेग, समरसता और कोलाहल, एकता और वैविध्य, तर्कगम्य और तर्कातीत, लास्य और प्रलय, प्रकाश और छाया, एक दूसरे से ऐसे गुँथे पड़े हैं जैसे रीढ़ के इर्द-गिर्द इड़ा, पिंगला और सषुम्ना नाड़ियाँ। शैव मत मानता है कि इन अतिरेकपरक द्वैतों के बीच कहीं वह सम्यक् बिंदु है जिससे अपना पूरा वज़ूद एकाकार करते ही हम निस्सीम हो जाते हैं। इन अतिरेकपरक द्वैतों या ध्रुवान्तों को मोटे तौर पर प्रकाश और अँधेरे के आर्केटाइपल बिंबों में ढाला जाता है और कहा जाता है कि दोनों अटल और अमर प्रतिरोधी शक्तियाँ हैं, जिनके बीच की रस्साकशी ही उस शाश्वत तनाव का जनक है जिससे जीवन की ऊर्जा (जिजीविषा) जनमती है। 'प्रलय की छाया' में कमला इसी ऊर्जा का प्रतीक है, वह साँवली ऊर्जा जिसे यूनानी 'इरॉस' कहते हैं। इसका दूसरा छोर हैं मृत्युमुखी 'थैनेटॉस' जहाँ सारी ऊर्जाएँ सिमटकर ध्यानाग्नि में लीन हो जाती हैं। पद्मिनी भी चिता शैव दर्शन की यही ध्यानाग्नि है और पद्मिनी है थैंनटॉस–उज्ज्वल, तल्लीनता, जीवन के पार

की अदम्य सुगंध, स्मृतियों की खुशबू, स्वप्नगंध, यूटोपिया, वह असंभाव्यता जो किसी के बाँधे नहीं बँधती।

किसी के बाँधे तो कमला की जिजीविषा भी नहीं बँधती है और मूल तत्त्व दोनों का एक है–अगाधता, शाश्वत, संघर्ष। अंतर सिर्फ़ इतना है कि एक आकाशमुखी है, दूसरी धरामुखी–ढुलकती हुई 'हिम-बिंदु-सी', 'वेग-भरी वासना', 'गिरता नक्षत्र नीचे कालिमा की धारा-सा असफल सृष्टि सोती प्रलय की छाया में।' सम्यक जीवन के लिए मिट्टी भी उतनी ही ज़रूरी है जितना आकाश। कविता के अंत में उससे जीवन का वरदान पाने वाला मानिक उसकी भर्त्सना करता है, पर कवि कहीं कोई टिप्पणी नहीं करता। उसके बाद उसके मन में सहज यह तर्क भी जगता है कि मुझे तो संदेश भेजा है कि इस विषय स्थिति में आत्महत्या ही मेरा धर्म है, पर स्वयं आत्महत्या नहीं की–उस प्रत्यावर्तन में प्राण जो न दे सके, हाँ, स्वयं जीवित है।

कविता, जीवन के पक्ष में खड़ी कमला की ओर हमदर्दी और अनुशंसा-भरी निगाह डालती है और उसका यह तर्क समझती है कि जान है तो जहान है, जीती रही तो रूप के हथियार से सुलतान को बींधकर गुर्जर-नरेश का प्रतिशोध तो लेंगी ही, पूरे भारतवर्ष पर सुशासन भी कायम करेगी। उसे ज़रा भी गुमान नहीं कि उसके पति जीवित भी हैं। मानिक बताता है कि जीवित हैं वे, तो उसके मन से मान भरा यह तर्क लगता है कि–'तो फिर उसे वापस ले जाने क्यों नहीं आए।' तार्किकता में, बुद्धिमता में यह इड़ा की भगिनी ही है–'अलकें बिखरी ज्यों तर्कजाल।' चूँकि उसका मन साफ़ है, उसमें किसी तरह का अपराध-बोध नहीं जगता, इस बात पर कि पद्मिनी की तरह जौहर न करके वह सुलतान के साथ चली आई। मौका देखकर सुलतान को अपदस्थ करेगी वह इस बात पर आश्वस्त है, तभी मानिक जो सुलतान को मार देता है तो उसे निराशा होती है कि यह काम तो उसने साधन रखा था, वह जान से नहीं भी मारती तो उसे अपदस्थ और अशक्त कर देती।

मानिक ग़ुलाम रहा है; ग़ुलाम में कुछ कर दिखाने की भावना स्त्रियों से भी अधिक होती है। जिसे मनोविज्ञान में 'परफॉर्मेंस कॉम्पलेक्स' (कुछ कर

दिखाने की भावना) कहते हैं। उसका शिकार हर वह व्यक्ति होता है जिसकी अंतर्निहित संभावनाओं को खुलकर खेलने का कोई मौका कभी मिला ही नहीं। स्त्रियाँ और पददलित ग़ुलाम–दोनों तो इसकी तलाश में ही रहते हैं, पर मुश्किल तब आन पड़ती है, जब दो वंचित शक्तियाँ एक-दूसरे को समझकर एक संयुक्त मोर्चा गठित करने के बदले आपस में ही उलझ जाती हैं और लगती हैं एक दूसरे की लानत-मलानत करने। एक-दूसरे का मनोबल बढ़ाने के बदले गिरा ही देती है–

*"लूटा था दृप्त अधिकार में*
*जितना विभव, रूप, शीत और गौरव को*
*आज वे स्वतंत्र हो बिसरते हैं।"*

कमला में फिर भी पूर्वापर संबंधों की लाज रखने का शील है, वह अपने जीवन के ही पत्र में हो ऐसा नहीं, उसका अवचेतन जीवन मात्र के पक्ष में है, तभी तो जीवन में पहली बार सुलतान से कुछ माँगती है, अपने लिए नहीं, अपने पूर्वपति के बंदी ग़ुलाम के लिए जीवन का दान माँगती है जो बचपन से घर के सदस्य-सा पला था–

*"जीवन अलभ्य है, जीवन सौभाग्य है"*

जो जीवनमुखी तर्क उसने अपने लिए चुना था, वही दूसरे के लिए भी चुनती है–

*"उठी एक गर्व-सी*
*किंतु झुक गई अनुनय की प्रकार में*
*"उसे छोड़ दीजिए', निकल पड़ा मुँह से।"*

इसे प्रत्युत्तर में 'अनुग्रह के भार से दबाते हुए' सुलतान का हँसते हुए यह कहना भी कमला के चरित्र पर एक महत्त्वपूर्ण गवाक्ष खोलता है–

*"जाने दो, रानी की पहली यह आज्ञा है।"*

व्यंजक है यह कि रानी सुलतान के महल में आ तो गई, क्योंकि फ़िलहाल वह महल ही जीवन का रंगमहल था और वह स्वयं जीवन की मूर्तिमती आस्था थी; उसे यह विश्वास था कि जीवन है तो परिवर्तन की हज़ार संभावनाओं के द्वार खुले हैं–सत्ता परिवर्तन के हों या आत्मपरिवर्तन के; पर यहाँ भी वह उचित अवसर की तलाश में, कूटनीति के सहारे आत्मोत्कर्ष और सत्ता परिवर्तन के अवसर की तलाश में विकल 'बंदिनी' ही मानती है स्वयं को और इसका सबसे उत्कट प्रमाण है यह तथ्य कि सुलतान से आज तक उसने अपने लिए कुछ नहीं माँगा–

***"जाने दो, रानी की पहली यह आज्ञा है।"***

वह अपने लिए उनसे कोई कृपा नहीं चाहती, कूटनीति और रूप–ये दो हथियार हैं, उसके पास जिनके सहारे वह उसे अपदस्थ करना चाहती है बस। स्त्री जीवन का कारक है, वह किसी से भी जीवन नहीं छीनना चाहती, दुश्मन से भी नहीं। स्त्री आंदोलन स्वयं इस बात का प्रमाण है कि इंग्लैंड में 'ग्लोरियस आंदोलन' के सिवा यही दुनिया का एकलौता आंदोलन है, जिसने एक बूँद ख़ून नहीं बहाया और हमेशा निःशास्त्रीयकरण नेग्रिट्यूड बहुलतावादी विस्तार, पर्यावरण आदि उन मुद्दों से जुड़ा रहा, जो बृहत्तर जीवन के पक्षधर थे। रानी कमला सुलतान का भी जीवन नहीं हरना चाहती, बस उसे अपदस्थ कर अपना जीवनधर्मी शासन चलाना चाहती है, तभी तो उचित अवसर की तलाश में है और उसके इस धैर्य-धर्मी संधान का मर्म अधीर मानिक को समझ नहीं आता, तभी वह उसको दुत्कारता है और लज्जित करता है। वह नहीं समझ पाता उसके महास्वप्न की व्याप्ति, उसकी पूज्य रणनीति–

***"साम्राज्य था नृशंस क्रूरताओं का***
***रूप माधुरी की कृपा-कारे को निरखता***
***जिसमें मदोद्गत कटाक्ष की अरुणिमा***
***व्यंग्य करती थी विश्व-भर के अनुराग पर***
***अवहेलना से अनुग्रह थे बिखरते।"***

यह प्रसाद जैसे बड़े कवि के लिए ही संभव था कि वे जीवन को, संसार को उसके पूरे चितकबरेपन में चित्रित कर पाए हैं। 'श्वेत-श्याम' के खातों में नहीं बाँटा। सुलतान भी पशु नहीं हैं, वह थक चुका है अपनी नृशंसताओ से और रानी कमला से उसे यह उम्मीद है कि उसकी रूप माधुरी उसमें मनुष्यता जगाएगी–

***"शासन करोगी मेरी इन क्रूरताओं पर***
***मित्र कोमलता से मानस की माधुरी से।"***

दुर्धर्ष पुरुषों का मन जीतने का एक ही उपाय है–निष्कम्प, सुदृढ़, कोमलता। यह नीति बाद के दिनों में गांधीवाद के नाम से विकसित हुई। स्त्रियों से ही सीखी होगी गांधी ने यह रणनीति, उनके सान्निध्य में ही समझे होंगे कि आग-आग से नहीं बुझती, पानी से ही बुझती है।

कमला का दूसरा प्रबल पक्ष यह है कि वह पद्मिनी की तरह एक ही झपाके में जलकर अलभ्य नहीं हो जाती, परिवर्तनामी प्रतिशोध में धीरे-धीरे सुलगने की कठिन राह चुनती है। सोलह पृष्ठों का यह लम्बा एकालाप वर्जीनिया वूल्फ जैसी जागृत लेखिका के संवेदनशील, चिंतनशील स्त्री पात्रों के आत्मप्रवादी (स्ट्रीम ऑफ कंशसनेस धर्मी) एकालापों की याद दिलाता है जिसमें विगत के सारे महत्त्वपूर्ण संलाप भी आत्मदीप्त माणिकों से गुँथे पड़े हैं। एक वात्याचक्र-सा सब कुछ रानी कमला के भीतर नाचता दीखता है, वह एक क्षण भी आत्ममंथन के दाह से मुक्त नहीं होती, उसे पता है कि वह लकीर की फ़क़ीर नहीं हुई, उसने एक नई रणनीति चुनी है जिसको लेकर हज़ार मतांतर हो सकते हैं, इड़ा-सी बुद्धिमती है वह और उस-सी ही साहसी भी, तभी तो रूप और भाषा का सजग इस्तेमाल ही उसकी रणनीति का हिस्सा बन जाते हैं और कुछ तो बचा भी नहीं है, बस बुद्धि बची है और रूप और भाषा–एक ज़माने से स्त्रियों का आयुध वे ही रहे हैं–

***"वाह री! विचित्र मनोवृत्ति मेरी!***
***उस आपदा में आया ध्यान तिज रूप का!***
***रूप यह!***

*देखे तो तनुष्क पति मेरा भी,*
*कितनी महीन और कितनी अभूतपूर्व।"*

चूँकि यह रणनीति महीन है, इसलिए इसका मर्म, किसी को जल्दी नहीं दिखता–

*"नारी के चयन। त्रिगुणात्मक ये सन्निपात,*
*किसको प्रमन्त वहीं करते,*
*धैर्य किसका नहीं हरते ये,*
*वहीं अस्त मेरा था।"*

कमला के चरित्र की तीसरी विशेषता है उसकी उदारता। वह एरॉस है, पद्मिनी थेनॉटॉस; जीवंत कामना मृत्यु कामना की विपक्षी तो होती है, पर ऐसी उद्दाम जिजीविषा है, वह कि उसे अपने प्रतिपक्षी से भी घृणा नहीं है, प्रेम ही है। बहुलतावादी जीवनदर्शन का उत्कट प्रमाण बनकर ये पंक्तियाँ दमकती हैं–

*"पावक-सरोवर में अवमृय स्नान था,*
*आत्मसम्मान यज्ञ की वह पूर्णाहुति,*
*सुना जिस दिन पद्मिनी का नल भरना,*
*सती के पवित्र आत्म गौरव की पुण्य गाथा,*
*गूँज उठी भारत के कोने-कोने जिस दिन,*
*उन्नत हुआ था माल,*
*महिला महत्त्व का!"*

शुरू के ढाई पत्रों में वह रूपगर्विता के समस्त लक्षणों के साथ स्वयं ही अपने रूप का गायन करती हुई, उसे प्रकृति की पराशक्ति से एकाकार भर देती है। इससे यह भ्रम उत्पन्न होता है कि स्नोह वाइट की सौतेली माँ, जायसी की नागमती की तरह वह इतनी आत्ममुग्ध है कि किसी दूसरी को अपने आगे एक नहीं समझेगी, पर उपर्युक्त वक्तव्य से यह स्पष्ट है कि वह इतनी बुद्धिमती है कि प्रतिपक्षी जीवन दृष्टि का मर्म इस जीवनी ऊर्जा (लिबाइडो ) का दूसरा महागान

स्वयं शेक्सपियर क्लियोपेट्रा के चरित्र-निर्वाह में करते हैं–'वाइलेस्ट थिंग्स बिकम देमसेल्व्स इन हर/दैट द डेली प्रीस्ट्स ब्लेस हर वेन शी इत्र रिगिश।' मृत्यु से बड़ी है क्लियोपेट्रा, क्योंकि वह जीवन है, डगमगाया हुआ जीवन ही सही। यही बात रानी कमला के बारे में भी कह सकते हैं, जहाँ तक डगमगाने का सवाल है–जो डगमगाए हुए से सहानुभूति न रख सका, वह साहित्य का अध्येता क्या होगा। डगमगाता वही है जो चलता है, हार थककर ठस्स बैठ नहीं जाता। सफलता-विफलता ही जीवन की अगाध, उसके महामहिम भाव का निर्णायक नहीं होती, जो प्रयोग सिद्धांत और महाप्रमेय विफल हो गये, वे भी वरेण्य ही कहे जायेंगे। इस संदर्भ में फ्लोरेंस नाइटेंगल की ये अमर पंक्तियाँ आकाशदीप बनती हैं–

*"समथिंग इज बेटर देन नथिंग,*
*आउट ऑफ नथिंग कम्स साग,*
*आउट ऑफ समथिंग मे कम द क्योर।"*

# निराला का समय और राम की शक्ति पूजा

## केदारनाथ सिंह

निराला की एक लम्बी कविता 'राम की शक्तिपूजा' एक कालजयी कविता है, जिन्हें उनकी प्रतिभा का चरमोत्कर्ष भी कहा जा सकता है। शक्ति पूजा की यह अवधारणा बांग्ला भाषा के भक्त कवि कृतिवास से ली गई है। उनकी रामायण में शक्तिपूजा का यह प्रसंग आता है, जो हिंदी की एक भी काव्य परम्परा में नहीं मिलता। यह निराला की अपनी खोज है, जिससे हिंदी की भक्ति-कविता को एक नया आयोग मिला। यह इसलिए संभव हुआ कि उनकी काव्यरुचि का दायरा केवल रवीन्द्रनाथ के प्रभाव तक सिमित नहीं था। वे संपूर्ण बंगीय-संस्कृति में गहरी पैठ रखते थे, परंतु महत्त्वपूर्ण यह है कि उन्होंने इस प्रभाव को ज्यों का त्यों ग्रहण नहीं किया। उनके लिए वह एक कच्चा-माल था, जिसका उन्होंने अपनी कविता में कुछ मूलभूत मौलिक परिवर्तनों के बाद उपयोग किया। अस्तु! कह सकते हैं कि राम की शक्ति पूजा आज जिस रूप में हमारे सामने है, वह पूर्णतः निराला के माध्यम से अपने समय को पुनःसृजित करने का काव्यात्मक प्रयास कर रहे थे। उसी का उदात्त रूप है—राम की शक्ति पूजा।

यदि उस दौर की राजनीतिक गहमा-गहमी की गहराई में जाएँ, तो हम पाएँगे कि यह वह समय है जब हमारे स्वाधीनता-आंदोलन को एक अप्रत्याशित झटका लगा था। साइमन कमीशन से होने वाली वार्ता विफल हो चुकी थी। इसका गहरा असर उस दौर के बड़े नेताओं में देखा जा सकता है, जिसमें एक हलकी-सी उदासी या कहें कि निराशा की ध्वनि भी मिल सकती है। नेहरू की आत्मकथा के कुछ पृष्ठों में इसकी अनुगूँज सुनी जा सकती है। इसके साथ ही

आर्थिक मंदी भी धीरे-धीरे पसर रही थी, जिसकी चरम परिणति बाद में चलकर बंगाल के अकाल के रूप में हुई।

यह समूची ऐतिहासिक पृष्ठभूमि 'राम की शक्तिपूजा' की रचना के लिए निराला की संवेदना को कहीं गहरे प्रेरित या प्रभावित कर रही थी। इस कविता का आरंभ ही होता–'रवि हुआ अस्त' अर्थात् दिन के डूबने के साथ। यहाँ से जो कविता आगे बढ़ती है, वह असल में अंधकार की कथा है। कैसा विचित्र संयोग है कि हिंदी की तीन महान कविताएँ–'राम की शक्ति पूजा', 'अँधेरे में' और बेशक 'कामायनी' भी, जो प्रलय के बाद के अंधकार से शुरु होती है–ये सब की सब अंधकार की काव्यात्मक गाथाएँ हैं, जो प्रकाश की ओर जाने की छटपटाहट से भरी हैं।

इस कविता की पूरी संरचना को देखा जाए तो यह बहुत कसी हुई, गुंफित कविता है। इसका आरंभ ही एक दिन के युद्ध के बयान से होता है, जब राम को एक आघात-सा लगता है और उनके भीतर एक तात्कालिक निराशा घर कर जाती है। क्या इस निराशा का उस दौर के बड़े स्वाधीनता आंदोलन के अग्रणी नेताओं की निराशा से कोई संबंध बनता है? शायद हो, शायद न हो, पर मेरे जैसे पाठक को शायद हो, की संभावना अधिक दिखाई पड़ती है।

'राम की शक्ति पूजा' की आरंभिक अट्ठारह पंक्तियाँ तत्सम-बहुल भाषा में लिखी गई हैं, जिनमें समस्त पदों की प्रधानता है, जो हिंदी भाषा की स्वाभाविक प्रकृति के बहुत अनुकूल नहीं कही जा सकती। पर समस्त पद या समास-बहुल भाषा शायद संक्षेपीकरण का ही एक रूप है, जिसका विशेष परिस्थितियों में उपयोग होता रहा है। कवि निराला के सामने यहाँ समस्या ये है कि उन्हें उस दिन की राम-रावण के बीच की संपूर्ण युद्ध-गाथा को जल्दी से जल्दी समेट लेना था क्योंकि वस्तुत: वे एक और युद्ध की कथा कहना चाहते थे, जो राम के मनोजगत में चल रहा था। यह बाहर से भीतर जाने की कथा है और फिर भीतर से बाहर की ओर देखने की कोशिश। राम-रावण के बाहरी युद्ध की अपेक्षा राम के भीतर चल रहा संघर्ष इस कविता की नाटकीयता को एक और आयाम देता है। कोई चाहे तो कह सकता है कि यह उस युग की सारी कविता की प्रवृत्ति थी, जो बाहर

से भीतर की ओर देखती थी। पर निराला एक बड़े उद्देश्य से अपनी कविता में यह समायोजन कर रहे थे और उस उद्देश्य के केंद्र में था—सीता की मुक्ति। क्या सीता की मुक्ति से भारत-भूमि की मुक्ति का कोई संबंध बनता है? मैंने जितनी बार इस कविता को पढ़ा है, मैं इस निष्कर्ष पर पहुँचा हूँ कि शायद बनता है। इस दृष्टिकोण से देखा जाए तो कविता मुक्ति के संघर्ष की काव्यात्मक गाथा बन जाती है, जो निराला जैसे बड़े कवि के द्वारा ही संभव था। इन आरंभिक अट्ठारह पंक्तियों को मैं टेलीग्राम की भाषा के रूप में देखता हूँ, जहाँ कम से कम शब्दों में किसी बड़े संदेश को संप्रेषित करने की कोशिश की जाती थी। पर काव्य-भाषा के इस पक्ष को यहीं छोड़कर, मैं इस बड़ी कविता की पूरी संवेदनात्मक बनावट में झाँकने की कोशिश करूँगा—इस मूल प्रतिज्ञा के साथ कि निराला की संवेदना कोरी संवेदना कभी नहीं होती। उसमें विचार या दर्शन की गहरी घुलावट हमेशा होती है। 'राम की शक्ति पूजा' में भी यह बात देखी जा सकती है।

उन आरंभिक अट्ठारह पंक्तियों के बाद कविता अचानक बाहरी युद्धभूमि से निकलकर महानायक राम के अंतर्द्वंद्व की कथा की ओर मुड़ती है और इसी के बीच घटित होती है वह मनोवैज्ञानिक प्रक्रिया, जिसे निराला ने शक्ति पूजा के रूपक द्वारा प्रस्तुत किया है। मेरे जैसे पाठक के लिए शक्ति यहाँ एक संश्लिष्ट पद है। एक ओर जहाँ यह पद दुर्गा के मिथक को संकेतित करता है, वहीं दूसरी ओर उसे उस मानवीय शक्ति के रूप में भी देखता है, जिसकी किसी भी संघर्ष में सफलता प्राप्त करने हेतु ज़रूरत होती है। मुझे याद आता है कि रामकृष्ण परमहंस आश्रम से प्रकाशित होने वाली पत्रिका 'समन्वय' में निराला ने एक लेख लिखा था, जिसमें यह कहने की कोशिश की गई थी, कि कोई भी राष्ट्र शक्ति के बिना बहुत दिनों तक अपने पैरों पर खड़ा नहीं रह सकता। शक्ति की इस अवधारणा को हम बंगीय नवजागरण की उस प्रवृत्ति से भी जोड़ सकते हैं, जिससे निकलकर दुर्गापूजा लोकप्रिय हुई थी, यानि वह शक्ति जो रावण का विनाश करती है और सीता की मुक्ति का कारण बनती है। निराला का मनोजगत् इन सारी बातों से संचालित हो रहा था। कह सकते हैं कि केवल रवीन्द्रनाथ ठाकुर ही नहीं, पूरा बंगीय नवजागरण निराला के भीतर उस

रचनात्मक पृष्ठभूमि का निर्माण कर रहा था, जिसके भीतर से 'राम की शक्ति पूजा' का जन्म हुआ।

हिंदी के प्रबुद्ध पाठक इस कविता से परिचित हैं, इसलिए उसके विस्तार में नहीं जाऊँगा। केवल इतना कहना चाहूँगा कि इस बड़ी कविता को उसकी बड़ी ऐतिहासिक पृष्ठभूमि में रखकर ही देखना उचित होगा। यह एक और रामकथा नहीं है—यद्यपि इसके महानायक राम हैं और केंद्र में कहीं सीता हैं। यह निराला द्वारा सृजित एक अन्य रामकथा है जो अपने समय की कथा है—उसके सारे अंतर्द्वंद्वों के साथ।

एक विशेष बात यह कि निराला ने इस कविता के बाद वह भाषा लगभग छोड़ दी, जिसमें यह कविता लिखी गई है अर्थात् तत्सम-बहुल भाषा। इस प्रकार की भाषा की संपूर्ण ऊर्जा को निचोड़कर उन्होंने 'राम की शक्ति पूजा' की सर्जना की थी और शायद उन्हें लगा कि उसके बाद इस भाषा के रबर को और दूर तक खींचा नहीं जा सकता। उसके बाद के निराला एक और निराला हैं—यद्यपि वे हैं वही मूल निराला—चिरमुक्त और चिरनवीन।

इस कविता की एक अन्य विशेषता की ओर भी कुछ विचारकों का ध्यान गया है, कि यह है तो कृतिवास से प्रेरित कथा है, पर इसमें तुलसीदास भी समाए हुए हैं। विशेषत: जनक-वाटिका प्रसंग में, जहाँ वे लिखते हैं—

***"ऐसे क्षण अंधकार घन में जैसे विद्युत,***
***जागी पृथ्वी-तनया-कुमारिका-छवि, अच्युत,***
***देखते हुए निष्पलक, याद आया उपवन,***
***विदेह का, प्रथम स्नेह का लतान्तराल मिलन,***
***नयनों का नयनों से गोपन-प्रिय सम्भाषण,***
***पलकों का नव पलकों पर प्रथमोत्थान-पतन।***

यह पूरा प्रसंग तुलसी रामायण के अयोध्या काण्ड से अपना उपजीव्य ग्रहण करता है और उसे एक नाटकीय सौंदर्य प्रदान करता है। कोई चाहे तो कह सकता है कि निराला कि यह कविता अंतर्पाठीय संदर्भों से युक्त कविता है, जिसके सूत्र

दूर-दूर तक फैले हुए हैं। निराला की विशेषता यह है कि वे सबको अपनी संवेदना में पचाकर निरालामय बना देते हैं और फिर कृतिवास भी छूट जाते हैं और तुलसी भी, कविता में रह जाते हैं केवल निराला। एक वाक्य में यह भी कह दूँ कि यहाँ युद्ध-कथा के बीच सीता के प्रसंग में जिस तरह से निराला ने शृंगार तत्त्व का संयोजन किया है—अर्थात् दो विरोधी तत्त्वों का काव्यात्मक संयोजन, यह निराला की काव्य-क्षमता का विरल उदाहरण है।

एक अन्य बात की ओर भी ध्यान दिया जाना चाहिए और वह यह कि इस कविता में जहाँ शक्ति की पूजा का प्रसंग आता है, वहाँ निराला ने हठयोग के पूरे रूपक को लगभग उनके मूल पारिभाषिक शब्दों में एक विलक्षण काव्यात्मक बनावट के साथ रखने की कोशिश की है। पुराने आचार्यों ने कहा है कि कविता में पारिभाषिक शब्दों का प्रयोग नहीं किया जाना चाहिए। पर यहाँ निराला ने यह ज़ोखिम उठाया है और उस पूरे प्रसंग में पारिभाषिक शब्दों का इस्तेमाल करते हुए भी एक ऐसे अद्भुत नाटकीय क्षण की सर्जना की है, जो अंततः पूजा के अंतिम इंदीवर के सहसा ग़ायब हो जाने के साथ अपने चरमोत्कर्ष पर पहुँचता है। यह इस कविता का उत्कृष्टतम नाटकीय क्षण है, जो पूरी कविता में एक अद्भुत तनाव की सृष्टि करता है, जो प्रायः पश्चिम के ट्रैजिक नाटकों में पाया जाता है। हठयोग का उपयोग कुछ पुराने संत कवियों ने भी किया है। पर उससे कई बार कविता अपना अभीष्ट प्रभाव सृजित करने में सफल नहीं हुई है। यह कहा जा सकता है कि शक्तिपूजा का प्रसंग जिस कलात्मक परिणति तक पहुँचा है, वह निराला की प्रतिभा का अन्यतम उदाहरण है।

दो शब्द इस कविता के अंत के बारे में भी कहना उचित होगा—बड़ी कविता का किंचित अधूरा अंत साभिप्राय किया गया है। जिस विजय की कामना से राम के बाहर और भीतर संघर्ष चल रहा था, उसका अंत विजय में नहीं होता, केवल विजय की संभावना में होता है और संभावना भी कैसी, जो केवल एक आशीर्वाद है—शक्ति के द्वारा दिया गया—

***"होगी जय होगी जय हे पुरुषोत्तम नवीन,***
***कह महाशक्ति राम के वदन में हुई लीन।"***

अपने समय के समर्थ सर्जक निराला की इतिहास दृष्टि कितनी गहरी थी, उसका प्रमाण हैं ये दो अंतिम पंक्तियाँ। इसकी गूँज उस समय के इतिहास में कहाँ तक जाती है, निराला ने उसे पाठक की कल्पना पर छोड़ दिया है। कह सकते हैं कि यह एक खुला अंत है, जो अपनी गहरी अर्थवत्ता के साथ देर तक उसकी चेतना में गूँजता रहता है।

# सुमित्रानंदन पंत की प्रदीर्घ कविता
## 'परिवर्तन': प्रयोगशीलता का वैभव

बसंत त्रिपाठी

आधुनिक हिंदी कविता न केवल अपनी चेतना बल्कि प्रयोग की दृष्टि से भी आधुनिक होना वस्तुतः छायावादी दौर से ही शुरू हुई। यह अलग बात है कि हिंदी में छायावाद के आने में लगभग दो दशक की देरी हो गई। यदि छायावाद का आगमन बीसवीं सदी की शुरुआत में हो जाता तो 1920-30 के दशक में हिंदी कविता का रूप कुछ और ही होता। दरअसल ब्रजभाषा के लालित्य और आकर्षण से मुक्त होने का संघर्ष हिंदी में कुछ लम्बा ही खिंच गया। इसलिए 20-30 के दशक में जब राजनीतिक चेतना उफ़ान पर थी। हिंदी के कवि भाषायी और सांस्कृतिक जागरण की प्रक्रिया में लीन थे। परिणाम यह हुआ कि कविता में राजनीतिक प्रस्वरता सीधी कार्रवाई के रूप में छूटती चली गई। उस दौर की कविता में यदि राजनीतिक प्रखरता दिखाई भी पड़ती है, तो इतिहास और मिथकीय पात्रों या घटनाओं के माध्यम से। छायावाद से पूर्व तो कविता में भक्ति, अनुराग और जातीय चेतना अधिकतर ऐतिहासिक और मिथकीय पात्रों के माध्यम से ही व्यक्त होती रही। स्वयं निराला और प्रसाद तक स्वच्छंदतावादी भावधारा को अपनाने के बावजूद उपनिषदों के अध्यात्म और ऐतिहासिक, पौराणिक पात्रों और कथाओं के माध्यम से जातीय–राष्ट्रीय चेतना और दार्शनिक सांस्कृतिक उन्नति की दिशा में प्रयासरत रहे और इस दिशा में उन्होंने उल्लेखनीय रचनात्मक भूमिकाएँ भी निभाई। निराला ने तो बाद में हिंदी कविता में यथार्थवाद की नई खिड़कियाँ खोलीं, लेकिन सुमित्रानंदन

पंत का रास्ता अपने समकालीनों से ही नहीं, अग्रज कवियों से भी भिन्न था। पहली भिन्नता तो यही कि अपने पहले ही प्रकाशित काव्य संग्रह 'पल्लव' में वे लम्बी भूमिका के साथ सामने आए थे, जिसमें न केवल अग्रज कवियों, बल्कि समकालीन रचनाशीलता पर कुछ साहसिक, बल्कि कहना चाहिए दुःसाहसिक टिप्पणियाँ थी। दूसरी भिन्नता हिंदी कविता में लय का एक नया प्रयोग था, जो न तो निराला की कई कविताओं की तरह मुक्तछंदमयी था और न ही हिंदी के अग्रज और समकालीन कवियों की तरह छंदमयी। वे पश्चिमी तथा भारतीय कवियों के गंभीर अवगाहन के साथ कविता के क्षेत्र में उतरे थे। डॉ. कुमार विमल ने कहा भी है कि, 'एक प्रातिभ कवि की रम्य रचनाओं की तरह पंत की कविताएँ प्रारंभ से ही सजी-संवरी हैं।' (डॉ. कुमार विमल–समग्रता के कवि : महाकवि पंत, पुस्तक 'महाकवि सुमित्रानंदन पंत : सृजन और संदर्भ, संपादक द्वय- हरिमोहन मालवीय, डॉ. अनिल कुमार सिंह, हिंदुस्तान अकादेमी, इलाहाबाद के पृष्ठ-25 से उद्धृत) पंत जी की रचनात्मकता पर विहंगम दृष्टि डालने का अवसर यहाँ नहीं है। यहाँ उनकी प्रदीर्घ कविता 'परिवर्तन' और इसके बहाने उनकी सत्यदृष्टि पर विचार करना ही अभीष्ट है।

सुमित्रानंदन पंत की ख्याति अक्सर कोमल और निरापद दृश्यों के चित्रण की है। अपने पहले ही संग्रह 'पल्लव' में उनका दात्य व्यक्तित्व और इसकी भूमिका में उनका प्रण और साहस जिस तरह का है उसे कविता 'परिवर्तन' न सिर्फ़ एक व्यापक ऊँचाई देती है बल्कि उसे विशिष्ट भी बनाती है। परिवर्तन यानि बदलाव की तात्कालिक सीमाएँ और उसकी निरंतरता पर सवाल उठाती और उसे स्वीकार करती हुई यह कविता पंत जी के काव्य-व्यक्तित्व में अलग से जड़ी हुई दिखाई पड़ती है। यह रूप और विचार दोनों की दृष्टि से उनकी पहली प्रयोगशील कविता है। 'परिवर्तन' का रचनाकाल 1924 है, जैसा कि इन्होंने ख़ुद ज़िक्र किया है। यह पहली बार 'पल्लव' में प्रकाशित हुई। इस कविता में कुल इकतीस छोटे-बड़े परिच्छेद हैं। दो परिच्छेद तो केवल चार-चार पंक्तियों के हैं। छंद में भी पर्याप्त गतिशीलता है। जहाँ तक कविता की कथा का संदर्भ है तो इस कविता में कोई सुसंगत कथा नहीं है। खींच-तान कर जिसे हम कथा कह सकते

हैं, वह परिच्छेद के बदलने के साथ बदलती नहीं है। सुविधा की दृष्टि से, जिसे हम कविता की कथा कह रहे हैं, हम चार भागों में बाँट सकते हैं–

पहला भाग - पहला परिच्छेद

दूसरा भाग - दूसरे से लेकर पाँचवाँ परिच्छेद

तीसरा भाग - छठे से लेकर अठारहवाँ परिच्छेद

चौथा भाग - उन्नीस से लेकर इकतीसवाँ परिच्छेद

पहले भाग में उस पुरातन को याद किया गया है जो कई लोगों के अनुसार सुख-समृद्धि, संपन्नता और उल्लास से भरा हुआ था। उस कल्पित पुरातन को याद करने की भिन्न भिन्न विचार सरणियाँ हैं। कोई उसे यंत्रवाद के विरुद्ध, कोई विदेशी आक्रमणकारियों के विरुद्ध तो कोई उसे मुसलमानों और ईसाइयों के विरुद्ध याद करता है। छायावादी रचनाकारों की कृतियाँ–'जागो फिर एक बार', 'तुलसीदास' 'चंद्रगुप्त' आदि–में इसे आसानी से देखा जा सकता है। पंत जी मध्यकालीन इतिहास को नकारात्मक रूप में नहीं देखते। उन्होंने पल्लव की भूमिका 'प्रवेश' में अकबर, जहाँगीर और शाहजहाँ के समय को सुव्यवस्थित काल कहा है। (पल्लव, राजकमल प्रकाशन, नौवाँ संस्करण, 1993, पृष्ठ-16) इसलिए कह सकते हैं कि पहले भाग में जिस पुरातन के बीत जाने का वे अफ़सोस करते हैं, वह यंत्रकाल और विकसित सभ्यता का विरोध की है। कहीं न कहीं इसमें गांधी के प्रति आकर्षण भी हो सकता है।

***"परिवर्तन' प्रश्नों से शुरू होती है,***
***कहाँ आज वह पूर्ण पुरातन, वह सुवर्ण का काल?***
***भूतियों का दिगंत छवि जाल,***
***ज्योति चुंबित जगती का भाल?"***

(***पल्लव***-140)

कविता उस प्राचीन 'सुवर्ण काल' के ख़त्म हो जाने के दुःख से शुरू होती है, जो पूर्ण था, 'सृष्टि का प्रथमोद्गार' था, चारों ओर अनावृत सौंदर्य बिखरा पड़ा

था। रोमांटिक दौर की कविता में प्रकृति के वैभव को अत्यधिक महत्त्व के साथ रेखांकित किया जाता है। यह केवल पंत में ही नहीं, लगभग सभी छायावादी कवियों में है। नाटक 'ध्रुवस्वामिनी' में जब मिहिरदेव कोमा से शकराज को त्याग कर अपने साथ चलने के लिए कहता है तब प्रकृति के निकट रहने का ही मोहक दृश्य खींचता है। पंत का बचपन हिमालय को देखते हुए बीता था। बाद में वे मैदानी इलाकों में रहने लगे। हिमालय और उसकी सुंदरता उन्हें निश्चित तौर पर सभ्यता के आरंभिक काल की तरह लगती रही होगी। यही रूप बदलकर उनकी कविता में आती है। 'पल्लव' की अनेक कविताओं में बाल-जीवन के चित्र हैं। वे अपने बचपन को बहुत मुग्ध होकर याद करते हैं। 'परिवर्तन' में सभ्यता के जिस आरंभिक काल के बीत जाने का दुःख है, यदि वह शैशवकाल के बीत जाने का दुःख हो तो क्या आश्चर्य? उस पुरातन का परिचय देते हुए पंत जी कहते हैं–

***"दुरित, दुःख दैन्य न थे जब ज्ञात,***
***अपरिचित जरा मरण भ्रू-पात!"***

सृष्टि के आरंभ में भी मनुष्य संघर्ष से परे न था, बल्कि तब तो जीवन जीने का संघर्ष ज़्यादा था। ऐसे में दुःख-दैन्य का ज्ञात न होना, जरा मरण से अपरिचित रह जाना, निःसंदेह बचपन की ही विशिष्टता है।

दूसरे से लेकर पाँचवें परिच्छेद तक, जिसे मैंने 'परिवर्तन' का दूसरा भाग कहा है, में प्रकृति ही विनाश लीला है। दूसरे परिच्छेद के आरंभ में ही कवि उस पुरातन को 'मिथ्या' कहता है क्योंकि अब सौरभ से भरा हुआ मधुमास, शिशिर में सूनी साँसे भर रहा है। जो 'बचपन का कोमल गात' था, अब वह 'जरा के पीले पात' की तरह हो गया है। इस वर्तमान को व्यक्त करने के लिए पंत जी ने ढेर सारे बिंब रखे हैं, जो 'तब' और 'अब' के बीच अवस्थित है। इसे व्यक्त करने के लिए उन्होंने प्रकृति के अलावा तत्कालीन सामाजिक जीवन का सहारा भी लिया है। जैसे–

***"किसी को सोने के सुख साज,***
***मिल गए यदि ऋण भी कुछ आज,***

*चुका लेता दुःख कल ही ब्याज,*
*काल को नहीं किसी की लाज।"*

*(उप. पृष्ठ-142)*

यदि सुख का ऋण किसी तरह मिल भी गया तो दुःख तुरन्त उसे ब्याज के रूप में झटक लेता है। सूदखोर, बनियो, महाजनों की याद आना यहाँ स्वाभाविक है। इस भाग में सर्वत्र दुःख और विषाद है, अवसाद है। यह कवि के उस भाव को वैद्यता प्रदान करता है, जिसके ख़त्म हो जाने का दुःख उसे है।

छठवें परिच्छेद से इस कविता का तीसरा भाग शुरू होता है। इसमें कवि इस समूचे पतन के लिए परिवर्तन को ज़िम्मेदार ठहराता है। यहाँ से परिवर्तन एक चरित्र के रूप में कविता में प्रवेश करता है। 'कामायनी' में प्रसाद जी ने भावों को पात्र बनाया था। पंत जी ने उससे पूर्व ही इस राह का अन्वेषण कर चुके थे।

'कामायनी' के 'चिंता' सर्ग में प्रसाद ने चिंता के लिए जिस तरह के बिंबो और उद्बोधनों का प्रयोग किया था, उसका पूर्वाभास हम 'परिवर्तन' में देख सकते हैं। छठवें परिच्छेद के आरंभ में पंत जी उस महान पुरातन के बीत जाने का ज़िम्मेदार परिवर्तन को ठहराते हैं–

*"अहे निष्ठुर परिवर्तन!*
*तुम्हारा ही ताण्डव नर्तन,*
*विश्व का करुण विवर्तन!*
*तुम्हारा ही नयनोन्मीलन,*
*निखिल उत्थान, पतन!*
*अहे वासुकि सहस्र फन!*
*लक्ष अलक्षित चरण तुम्हारे चिह्न निरंतर,*
*छोड़ रहे हैं जग के विक्षत वक्षःस्थल पर!"*

*(उप. पृष्ठ-143)*

आगे के परिच्छेदों में पंत जी ने परिवर्तन के लिए जो उपमाएँ चुनी हैं, वह उनकी 'सुकुमार छवि' से मेल नहीं खाती। परिवर्तन को उन्होंने सृष्टि का नियम तो कहा है।

लेकिन साथ ही 'अन्यायपूर्ण नियम' भी कहा है। उन्होंने इसके लिए जिस तरह की उपमाएँ चुनी हैं, उसमें सभ्यता के कई-कई रूप विद्यमान हैं। उसे वे भी निरंकुश राजा कहते हैं–

*"तुम नृशंस नृप-से जगती पर चढ़ अनियंत्रित,*
*करते हो संसृति को उत्पीड़ित, पद मर्दित।"*

(*उप. पृष्ठ*-144)

तो कभी प्राकृतिक आपदा, कभी मृत्यु का परिहास, तो कभी भयंकर युद्ध कहते हैं। कुल मिलाकर 'परिवर्तन' विश्व का अश्रुपूर्ण इतिहास है। नवें परिच्छेद से परिवर्तन केवल बदलाव के अर्थ में नहीं रह जाता, बल्कि वह प्रलयकारी विध्वंश के रूप में स्थापित होता चला जाता है–

*"एक कठोर कटाक्ष तुम्हारा अखिल प्रलयकर,*
*समर छेड़ देता निसर्ग संसृति में निर्भर,*
*भूमि चूम जाते अभ्रध्वज सौध शृंगवर,*
*नष्ट-भ्रष्ट साम्राज्य-भूति के मेघाडंबर!*
*अये, एक रोमांच तुम्हारा दिग्भू कंपन,*
*गिर-गिर पड़ते भीत पक्षी पोतों-से उड्डन,*
*आलोड़ित अंबुधि फेनोन्नत कर शत्-शत् फन,*
*मुग्ध भुजंगम-सा, इंगित पर करता नर्तन!*
*दिक् पिंजर में बद्ध, गजाधिप-सा विनतानन,*
*वाताहत को गगन,*
*आर्त करता गुरु गर्जन!"*

(*उप. पृष्ठ*-145)

शब्दों में निहित भावों ही नहीं उसकी ध्वनि के प्रति सचेत और इसे खड़ी बोली के संदर्भ में परिभाषित करने वाले पंत जी ने 'परिवर्तन' जैसे अपेक्षाकृत कोमल और सहज उच्चारण वाले शब्द को प्रलयकारी विध्वंस के रूप में क्यों रखा, यह समझ से परे है। लेकिन प्रलय के माध्यम से दो युगों के संधिकाल में

निहित बदलाव को वाणी देना निश्चित ही उनका अभिप्राय रहा होगा, जो कि बाद में स्पष्ट भी होता है। इसे हम संक्रमण काल के अकाल आगमन के रूप में भी देख सकते हैं।

'परिवर्तन' के ग्यारहवें खण्ड में पंत जी ने सृष्टि संबंधी अपने विचार रखे हैं। यह विचार समूची सृष्टि को क्षुद्र, अपर्याप्त और मानव विरोधी मानता है। 'पल्लव' की अन्य कविताओं में शैशव, प्रेम साख, प्राकृतिक वैभव की जिस सुकुमारता को वे सराहते हैं, यहाँ उसे अभिशाप कहते हुए दिखाई पड़ते हैं। यह अभिशाप इसलिए है क्योंकि यह स्थिर नहीं रहता। सृष्टि या सभ्यता का यह नकार क्या कोई विशेष दर्शन है? भक्तिकाल में जब संसार को क्षुद्र या क्षणिक कहा गया, तब भक्त कवियों के भीतर विराट ईश्वरीय चेतना से जुड़ने की ललक थी। लेकिन पंत जी के भीतर ऐसी कोई ललक नहीं है। वे कहते हैं–

***"हाय री दुर्बल भ्रांति!***
***कहाँ नश्वर जगती में शांति?***
***सृष्टि ही का तात्पर्य अशांति।***
***जगत् अविरत जीवन संग्राम,***
***स्वप्न है यहाँ विराम।***
***एक सौ वर्ष नगर उपवन,***
***एक सौ वर्ष विज़न जन!***
***यही तो है असार संसार***
***सृजन, सिंचन, संहार!"***

(***उप. पृष्ठ***-145-146)

आगे वे स्त्री जीवन के दो चित्र उपस्थित करते हैं। एक में एक ऐसी स्त्री का चित्रण है, प्रसव के बाद जिसका बच्चा मर गया है और दूसरे में एक ऐसी स्त्री जिसके पति की मृत्यु विवाह के तुरंत बाद हो गई। फिर एक ऐसे दीन का भी चित्र, जिसे न तो घर में दुलार मिलता है और न ही इसके उदर में अन्न है। ऐसे अतिरंजित चित्रों में हम देश-दुनिया की मौजूदा प्रवृत्ति और उसकी दिशा को

समझ सकते हैं। पंत जी यह बताते हैं कि सभ्यता लगातार मनुष्य-विरोधी होती जा रही है। सभ्यता के मनुष्य-विरोधी रूप को दर्शाने के लिए पंत जी ने जिस तरह के बिंबों का प्रयोग किया है, वह द्वितीय विश्व-युद्ध की मारकाट के अलावा साम्राज्यवादी देशों की लूट-खसोट को भी दर्शाता है। वे कहते हैं कि आज सुख सरसों की तरह हो गया है तो शोक सुमेरु की तरह और सुख तो कहीं पार ही है–

***"यहाँ सुख सरसों, शोक सुमेरु***
***अरे, जग है जग का कंकाल!***
***वृथा रे, यह अरण्य चीत्कार,***
***शांति सुख है उस पार!"***

छायावादी कविता में 'उसपार' की खोज-बीन शिद्दत के साथ है। प्रसाद भी 'मेरे नाविक' कविता में अपने नाविक से, भुलावा देकर वहाँ ले चलने की बात कहते हैं, जहाँ सागर लहरियाँ अम्बर के कानों में निश्छल प्रेम कथा कह रही हों! दुनिया में रहते हुए दुनिया का निषेध हमेशा पलायन-वृत्ति नहीं होती। यह विकल्प-हीनता की स्थिति में कवि द्वारा भावात्मक सत्ता की खोज है। इसलिए पंत जी आगे चलकर परिवर्तन को विश्व का दर्शन कहते हैं। लेकिन यह दर्शन उल्लासमयी होने की अपेक्षा विषादपूर्ण है। महादेवी वर्मा ने भी जीवन को दुःख ही कहा है। 'सरोज स्मृति' तो शोकगीत है ही!

'परिवर्तन' का चौथा भाग, जिसे मैंने उन्नीसवें परिच्छेद से आरंभ माना है, कविता अचानक बदलने लगती है। जिस परिवर्तन को पंत जी अब तक विषादमयी मानते आ रहे थे, वह अब उन्हें अनिवार्य प्रतीत होने लगती है। जो आँखें मुँदती हुई-सी लग रही थीं, अब नए जीवन की सुबह में खुलने लगती हैं। कहाँ तो पहले शिशिर में नयनों के नीर गालों को झुलसा दे रहे थे और अब–

***"शिशिर की सब प्रलयकर बात,***
***बीज बोती अज्ञात! (उप. पृष्ठ–149)"***

कवि सहसा कहने लगता है–

*“महत है, अरे आत्म बलिदान,*
*जगत् केवल आदान-प्रदान! (उप. पृष्ठ–150)”*

इसके बाद समूची कविता अंत तक आशा और उल्लास से भरी है। इस उल्लास को वे ‘जलनिधि का हरित विलास’, ‘अम्बर का नील विकास’, ‘काव्य का रस’, ‘हृदय का प्रेमोच्छ्वास’, ‘फूलों की गंध’, ‘पलकों का हास’, ‘लहरों का लास’, ‘प्रज्ञा का सत्य’ जैसे अनेक उपमाओं में बाँधते जाते हैं। वे तो सुख और दुःख को कर्मों का फल तक मानने लगते हैं–

***“स्वीय कर्मों ही के अनुसार,***
***एक गुण फलता विविध प्रकार,***
***कहीं राखी बनता सुकुमार,***
***कहीं बेड़ी अपार!”***

जिस विषाद को नित्य, अनिवार्य और विस्तृत मानते आए थे, उस पर आस्था की लगाम कसते हुए कहते हैं–

*“आज का दुःख, कल का आह्लाद,*
*और कल का सुख, आज विषाद। (उप. पृष्ठ–151)”*

सवाल यह उठता है कि यदि सुख और इस के अनवरत आवर्तन पर कवि को इतना यक़ीन है तो फिर विध्वंस का इतना हाहाकार क्यों और नव-जीवन का इतना स्वागत क्यों? जयशंकर प्रसाद ‘कामायनी’ में जिसे पौराणिक आख्यान के माध्यम से दर्शन का सहारा लेकर प्राप्त करते हैं और निराला ‘राम की शक्ति-पूजा’ में जिसे संघर्ष और साधना की चरमावस्था में प्राप्त करते हैं, उसे पंत जी व्याख्या और बिंबों की लड़ियाँ पिरोकर प्राप्त करते हैं। इसलिए ‘परिवर्तन’ में भावधारा के प्रवाह में अवरोध उत्पन्न होता है। यह पंत जी का अभीष्ट भी हो सकता है। ऐसा भी प्रतीत होता है कि वे विध्वंस और नव-जीवन के परस्पर विरोधी चित्रों को कल्पना के सहारे चित्रित कर तथा उसे हिंदी समाज के सामने रखकर यह सिद्ध करना चाहते थे, कि इस खड़ी बोली हिंदी में सुख और दुःख के दो अनंत छोरों को प्रस्तुत करने का सामर्थ्य

है। इसलिए चिंतन-धारा की नित्यता का पालन नहीं करते। दुःख को नित्य कहना, फिर सुख और दुःख दोनों को नित्य कहना और कभी उसे कर्मों का फल बताना या फिर इष्ट को अलभ्य मानते हुए साधना को ही जीवन का मूल्य कहना इसी का परिणाम है। छब्बीसवें परिच्छेद में तो वे किसी अज्ञात सत्ता का निदर्शन भी करा देते हैं–

*"हमारे काम न अपने काम,*
*नहीं हम, जो हम ज्ञात;*
*अरे निज छाया में उपनाम,*
*छिपे हैं हम अपरूप;*
*गँवाने आए हैं अज्ञात,*
*गँवाकर पाते स्वीय स्वरूप! (उप. पृष्ठ–152)"*

बिंबों की नवीनता और ताज़गी के अलावा इस कविता में सबसे महत्त्वपूर्ण बात है, मनुष्य के जीवन को उसके बचपन के विस्तार के रूप में देखना। कवि का मानना है कि जाने या अजाने रूप में मनुष्य अपने बचपन का ही विस्तार है। बाल मन वैसे भी पंत जी की कविता के केंद्र में रहा है, क्योंकि वह उनकी संवेदना के भी केंद्र में है। यह शिशुवत् आस्था ही कही जाएगी कि परिवर्तन को विनाशकारी तांडव के रूप में चित्रित करने के बावजूद अंत में वे उसे अनिवार्य और नित्य कहकर जैसे उस भयानक विनाश को भूल जाते हैं!

कविता के अंतिम चार परिच्छेद में वही उद्बोधन शिल्प है, जो छठवें परिच्छेद से है। अंतर केवल इतना कि वहाँ 'परिवर्तन' मृत्यु का तांडव था, तो यहाँ जीवन का सूत्रधार, वहाँ प्रलयकारी वर्षण था तो यहाँ जगती को उर्वरता से परिपूर्ण वर्षा। प्रकृति के विद्रूप और मोहक दृश्यों से आरंभ हुई, यह कविता रहस्यवाद पर जाकर समाप्त होती है। अंतिम परिच्छेद को पूरा उद्धृत किया जा रहा है–

*"तुम्हारा ही अशेष व्यापार,*
*हमारा भ्रम, मिथ्याहंकार;*

*तुम्हीं में निराकार साकार,*
*मृत्यु जीवन सब एकाकार!*
*अहे महाबुधि! लहरों से शत् लोक, चराचर,*
*क्रीड़ा करते सतत् तुम्हारे स्फीत वक्ष पर;*
*तुंग तरंगों से शत युग, शत्-शत् कल्पांतर,*
*उगल, महोदर में विलीन करते तुम सत्वर;*
*शत् सहस्र रवि-शशि, असख्य ग्रह, उपग्रह, उडुगण,*
*जलते बुझते हैं स्फुलिंग-से तुममे तत्क्षण;*
*अचिर विश्व में अखिल, दिशावधि, कर्म, वचन, मन,*
*तुम्हीं चिरंतन*
*अहे विवर्तन हीन विवर्तन! (उप. पृष्ठ*–154-155*)"*

मैंने आरंभ में 'परिवर्तन' को एक उल्लेखनीय प्रयोगशील कविता कहा है। यह इस अर्थ में प्रयोगशील है कि इसमें भाव और भाषा की एकता का संधान करते हुए पंत जी ने आरोह-अवरोह, लय, संगीत, विन्यास और ध्वनि में शास्त्रों का अतिक्रमण न करते हुए, जितने प्रयोग किए हैं, वह निश्चित तौर पर चमत्कृत करता है। यहाँ यह ध्यान रखना आवश्यक है कि खड़ी बोली हिंदी उस समय शैशवावस्था में थी। उसकी सृजनशीलता के पंख अभी पुष्ट नहीं हुए थे। कथाएँ तो उसमें अभिव्यक्त हो रही थीं, लेकिन कथात्मकता के अलावा भाषा की अन्य भंगिमाओं की सृष्टि अभी नहीं हुई थी। वह छोटी उड़ान भरने का प्रयास कर रही थी। इसके साथ-साथ ब्रज, संस्कृत और बांग्ला से उसे कड़ी चुनौती मिल रही थी, बल्कि कहना चाहिए कि इन भाषाओं के साहित्य की तुलना में उसे उपहास और उपेक्षा के साथ देखा जा रहा था। हिंदी समाज के भीतर भी, एक तरफ़ पारम्परिक और विविधता से भरा हुआ लोक था, तो दूसरी ओर पांडित्य की चूकी हुई गरिमा। उसे कजरी, चैती आदि-आदि के साथ-साथ रूढ़ छंदों से मुक्त होने का अवकाश ही नहीं मिल रहा था। ऐसे में पंत जी ने 'पल्लव' की भूमिका में खड़ी बोली हिंदी के पक्ष में जो दावे किए थे, उसे 'परिवर्तन' के माध्यम से सिद्ध किया। 'पल्लव' की भूमिका में उनका जोर अधिकतर काव्य

के शिल्प पक्ष पर है। 'परिवर्तन' भाषायी कौशल का उत्कृष्ट उदाहरण है जिसमें बीच-बीच में दर्शन का मिश्रण किया गया है। इस तरह सुमित्रानंदन पंत ने हिंदी कविता के कोमल पंख वाले विहग को काव्य-आसमान में ऊँची उड़ान भरने के लिए तैयार कर दिया। यह और बात है कि हिंदी समाज ने हिंदी कविता की इस ऊँची उड़ान से कालांतर में रचनात्मक तौर पर अपने को उतना नहीं जोड़ा, जितना कि अपेक्षा थी।

# शमशेर बहादुर सिंह की कविता
## बरास्ते 'टूटी हुई बिखरी हुई'

**कृष्णमोहन झा**

शमशेर आधुनिक हिंदी कविता के सबसे दुरूह कवि हैं। शमशेर आधुनिक हिंदी कविता के सबसे काल-चेतस कवि हैं। शमशेर आधुनिक हिंदी कविता के सबसे सौन्दर्योपासक कवि हैं। शमशेर आधुनिक हिंदी कविता में प्रेम के सबसे विदग्ध कवि हैं। शमशेर आधुनिक हिंदी कविता में शब्दों की 'इकोनॉमी' को समझने और बरतने वाले सबसे बड़े कवि हैं। शमशेर आधुनिक हिंदी कविता में मौन की आराधना करनेवाले सबसे बड़े कवि हैं। बकौल अशोक वाजपेयी शमशेर हिंदी के बड़े उर्दू कवि हैं। आधुनिक हिंदी कविता में शमशेर ही एकमात्र ऐसे कवि हैं जिन्होंने अपनी काव्यभाषा का निर्माण शब्द, चित्र और संगीत को एक निश्चित मात्रा में घोलकर तैयार किया है। शमशेर आधुनिक हिंदी कविता के सबसे 'पर्फ़ेक्शनिस्ट' कवि हैं।

कविता के सामान्य पाठकों के लिए ही नहीं, बल्कि साहित्य के अध्यापकों, सहृदयों और कवियों तक के लिए शमशेर की कविताएँ चुनौती पेश करती रही हैं। इसका एक मुख्य कारण यह है कि वे जितना बताती, दिखाती और सुनाती हैं, उससे ज़्यादा ख़ुद को छुपा लेती हैं। स्वयं को प्रकाशित करने की रचनात्मक चेष्टा के दौरान ख़ुद को थोड़ा अप्रकाशित भी रख लेना शमशेर की कविता का दिलचस्प विरोधाभास है। संभव है कि उनका यह काव्य-व्यवहार कविता द्वारा उपलब्ध हो सकनेवाली प्रचलित सचाई के प्रति एक संकोच और संशय का परिणाम हो, या मुमकिन है कि वे अपनी कविता में सचाई इसी संकोच और

संशय द्वारा अर्जित करते हों। यों, शमशेर को पढ़ते हुए तो अकसर यही लगता है कि वे ऐसे कवियों में नहीं हैं जो सचाई को बहुत यत्नपूर्वक और तात्विक रूप में अपनी रचनाओं में अर्जित करते हैं। ज़्यादा से ज़्यादा वे आपके लिए कुछ संकेत छोड़ते हैं, कुछ पदचिह्न और कुछ पदचाप। कई बार तो ये संकेत भी विभिन्न रंगों में रूपांतरित होकर हवा और पानी में विसर्जित हो जाते हैं। यह कहना शायद अनुचित नहीं होगा कि शमशेर अपनी कविता में सचाई को निर्मित करने के बज़ाय उसके आवाहन् में यक़ीन रखते हैं और आवाहन् का उतना अर्थ नहीं होता, जितना कि आशय होता है। शमशेर सूक्ष्म आशय के कवि हैं। आशय अपने अधिकांश को अप्रकाशित भी रखने की चेष्टा करे तो दुरूहता लाज़िमी है। बेशक शमशेर आधुनिक हिंदी कविता के सबसे दुरूह कवि हैं और उनकी इस दुरूहता के कई अन्य कारण भी हैं। लेकिन उसकी चर्चा आवश्यकतानुसार आगे, इस प्रसंग में यहाँ यह कहना ज़रूरी लगता है कि स्याह और सफ़ेद में विघटित सचाई को पाने के अभ्यासी लोग जब शमशेर की कविता के पास एकायामी अर्थ और दरम्याने क़िस्म का मर्म खोजने जाते हैं, तो उन्हें वहाँ निराशा और खीझ के अतिरिक्त कुछ हासिल नहीं होता। कविता के पठन-पाठन में अंतर्वस्तु और रूप के अनिवार्य द्वैत की समझ के मारे पाठक अर्थ-ग्रहण के लिए वहाँ प्रचलित और अनुमोदित आधार न पाकर आजिज़ हो ही जाते हैं। ऐसे पाठक अपने काव्य-बोध के अनुकूलन की क़ीमत शमशेर को गँवाकर हासिल करते हैं। आप अगर शमशेर के रहस्यमय एवं लोमहर्षक रचना-लोक में दाख़िल होना चाहते हैं तो एलिस (एलिस इन वंडरलैंड) की ही तरह इस बासी, उबाऊ और छिछले रोज़मर्रे की सतह पर बिखरी हुई आडम्बरग्रस्त दुनिया को छोड़कर एक चुनौतीपूर्ण और जोखिम से भरे सुरंग को अंगीकार करना होगा। यहाँ यह याद करना अप्रासंगिक नहीं होगा कि शायद इसी उपलब्ध यथार्थ के प्रति अपनी गहरी उदासीनता और नई दुनिया के आविष्कार के प्रति बालसुलभ ललक के कारण शमशेर ने 'एलिस इन वंडरलैंड' का हिंदी में अनुवाद करना चुना होगा।

क्या शमशेर का काव्य-लोक भी आधुनिक हिंदी कविता का एक 'वंडरलैंड' नहीं है? लगभग पचास वर्षों से हिंदी साहित्य के ख़ेमों द्वारा शमशेर बहादुर सिंह को

हथियाने के कार्यक्रम निरंतर जारी रखने के बावजूद उनकी कविता अक्षुण्ण और बेदाग बनी हुई है। बल्कि कविता के बाहर और भीतर जितना असह्य कोलाहल व्याप्त है आज, शमशेर की नीरवता और सघनता उतना ही सुकून और आश्रय देती है। उनमें वैदिक ऋचाओं की-सी स्वच्छता और प्रकृति का आदिम स्पर्श निहित है। वह सिर्फ़ निष्कवच नहीं है, बल्कि व्याकुलता और विह्वलता के क्षणों में अपनी त्वचा तक उतार डालती है। कहने की आवश्यकता नहीं कि शमशेर का संपूर्ण काव्यलोक ऐसे ही क्षणों से निर्मित है। कबीर के एक दोहे की मदद से कहा जा सकता है कि शमशेर की कविता के घर में प्रवेश करने से पहले यह ज़रूरी है कि पूर्वनिर्धारित काव्य-बोध के शीश को उतारकर ज़मीन पर रख दिया जाए। यहाँ किसी भी प्रकार की हिंसक कार्यवाही इस काव्य-लोक को क्षत्-विक्षत् और लहूलुहान कर सकती है। शमशेर की कविता पर विचार करते हुए संभवतः इसी पवित्रता के हनन की आशंका का अनुभव मुक्तिबोध ने किया होगा।

कविता को निरंतर परिभाषित किया जाता रहा है। भविष्य में भी वह परिभाषित होगी। जब-जब प्रतिष्ठानों के स्वरूप में परिवर्तन होगा और उस प्रक्रिया के दौरान जब-जब वे परस्पर प्रभावित करेंगे और होंगे, तब-तब कविता को परिभाषित करने की आवश्यकता पड़ेगी। शमशेर बहादुर सिंह की कविता को भी परीक्षण की इसी आँच से गुज़रना होगा। इस प्रसंग में उनके 'कुछ और कविताएँ' के पहले संस्करण के वक्तव्य का एक अंश देखना खासा दिलचस्प होगा। वे कहते हैं–"मैंने अपनी प्रेरणाओं को कुछ ऐतिहासिक सत्यों से जोड़ने की, उसके धर्म को अपनी धड़कन के साथ व्यक्त करने की कोशिश की। ऐसी कोशिशों पर विवाद, कई पक्षों से, अस्वाभाविक नहीं है। फिर भी मैं यह दोहरा कर कहना चाहूँगा कि जहाँ तक वह मेरी निजी उपलब्धि है, वहीं तक मैं उन्हें, दूसरों के लिए भी, मूल्यवान समझता हूँ।"

सर्जना के क्षेत्र में किसी रचनाकार की निजी उपलब्धि का मतलब आत्मसत्य की खोज और उसकी प्राप्ति से इतर और क्या हो सकता है? आधुनिक हिंदी साहित्य में आज आत्मसत्य और काव्यसत्य के बीच प्राय: इतना अंतराल देखने

को मिलता है कि शमशेर की उपरोक्त टिप्पणी पर्याप्त ध्यानाकर्षक नहीं लगती। वह बीते ज़माने की बात लगती है। लेकिन जहाँ तक शमशेर की कविता का प्रश्न है तो वह नितांत व्यक्तिगत और परम गोपन अनुभव को कम से कम शब्दों में सार्वजनिक करने की ऐसी कला है, जो अन्य कला-माध्यमों, विशेषकर चित्रकला और संगीत के साथ जुगलबंदी करते हुए रूपाकार ग्रहण करती है। इस सहगायन में कब और कौन-सा स्वर थोड़ा मद्धिम पड़कर एक क़दम पीछे हट जाएगा और कौन उपयुक्त अवसर पाकर राग को थाम लेगा यह कहना मुश्किल है?

शमशेर की एक प्रतिनिधि कविता होने के नाते 'टूटी हुई बिखरी हुई' भी उसी तरह पढ़े जाने की अपेक्षा रखती है जिसकी चर्चा ऊपर उनकी कविता में व्याप्त पवित्रता के संदर्भ में की गई है, बल्कि इसकी अपेक्षा तो उससे बढ़कर है। 'टूटी हुई बिखरी हुई' एक प्रेम कविता है। प्रेम की दुर्निवार आकांक्षा से निःसृत कोई भी रचनानुभव अपने भावक से एक ख़ास क़िस्म की संवेदनशीलता और कोमलता की माँग करता है। इस कविता में कवि ने जिस तरह अपने हृदय का निर्मम उत्खनन करके वहाँ घात लगाए बैठी गहरी पीड़ा, तीव्र मोह और उसके बीच-बीच में तिरस्कृत आत्म-सम्मान की भावदशा को एक साँस में रचा है और ऐसा करने में जो वह बारम्बार भरभराकर बिखरा है और पुनः ख़ुद को एकत्रित करके उठा है, उसे चालू आलोचना के स्थूल औज़ारों से तहस-नहस तो किया जा सकता है लेकिन उसके मर्म तक पहुँचा नहीं जा सकता। 'टूटी हुई बिखरी हुई' का मर्म चेखव की एक दुर्लभ कहानी के मुख्य पात्र उस तांगेवाले की उपेक्षित पीड़ा का समगोत्री है जो भरपूर कोशिश के बावजूद कोई ऐसा आदमी नहीं खोज पाता जिसके आगे अपनी सुलगती तकलीफ़ को उड़ेलकर कुछ देर के लिए ही सही थोड़ी तसल्ली पा ले। असह्य दुःख का मारा वह तांगेवाला कोई भी आदमी न पाकर शाम को जब अपने घोड़े से अपनी अनसुनी तकलीफ़ बताना शुरू करता है तब घोड़े की आँखों से आँसू टपकने लगते हैं। उन्नीसवीं शताब्दी के उत्तरार्द्ध में चेखव के एक एकांकी पात्र को अपना दुःख सुनाने के लिए कोई दूसरा आदमी तो नहीं, पर एक घोड़ा ज़रूर मिल जाता है। लेकिन मानव की असाधारण उपलब्धियों से जगमगाती बीसवीं शताब्दी में शमशेर बहादुर सिंह के

कवि को सिर्फ़ और सिर्फ़ दुस्साध्य अकेलापन हासिल होता है। 'टूटी हुई बिखरी हुई' में अभिव्यक्त प्रेम की प्रबल आकांक्षा दरअसल इस अकेलेपन के अंधकार से बाहर निकलकर स्त्री-पुरुष के सह-अस्तित्व की नैसर्गिक लय में जीवन की अनंत संभावनाओं की मार्मिक खोज है। लेकिन इसका तात्पर्य यह नहीं कि इस कविता का मर्म यहीं तक सीमित है। यह तो उसका सिर्फ़ एक आयाम है।

दरअसल जिसे हम जीवन कहते हैं, वह जन्म लेने, देखने, उसे अनुभव करने, उस अनुभव को प्रेम करने और अंततः उस प्रेम को खो देने के अतिरिक्त और क्या है! दुःख, पीड़ा और वेदना को अनदेखा करके यदि जीने का प्रयास न किया जाए तो यह कहने से बच नहीं सकते कि मानव-अस्तित्व बेहद तकलीफ़देह अनुभव है। सिर्फ़ जीवित रहने के लिए कितना मरना पड़ता है! लेकिन फिर भी यह जीवन है कितना सम्मोहक! यही वज़ह है कि हमारा प्रत्येक अंतरंग क्षण एक ओर पटाखे कि तरह प्रकाशमान होता है तो दूसरी ओर बुझकर राख बन जाता है। जीवन के इस अंतर्विरोधी चरित्र को कला में पुनरुज्जीवित करना कला की चुनौती भी है और उसकी सार्थकता भी।

शमशेर की कविता में कथात्मकता का जो स्पष्ट तिरस्कार दिखाई पड़ता है वह संभवतः उस अपेक्षित लचीलेपन को बरकरार रखने के लिए ताकि जीवन के अंतर्विरोधी चरित्र को कविता में निबद्ध किया जा सके। हिंदी साहित्य में इन दिनों कविता में कहानी कहने का फ़ैशन चल पड़ा है। ऊपर से तो यह नवाचार दिखता है लेकिन है यह असमर्थ कवियों की मज़बूरी। जो कवि यथार्थ के संश्लिष्ट रूप को कविता के अपने वाद्ययंत्र पर ध्वनित नहीं कर पाता, वही कथात्मकता का अनुसरण करता है। यानि कथा के ढाँचे पर कविता की लेप। ऐसी कविता होती तो है सुपाठ्य और सुपाच्य, लेकिन अपने माध्यम की चुनौती के सामने पराजित एवं उस विधा की परम्परा में कुछ भी नया जोड़ने के सर्वथा अयोग्य। इस संदर्भ में यहाँ इस बात को चिह्नीत करना ज़रूरी है कि हर कलाकार अपनी कला को समृद्ध करने के लिए अन्य विधाओं के पास जाता है। स्वयं शमशेर इसका सबसे बड़ा उदाहरण हैं। लेकिन अन्य विधाओं को बरतना शमशेर का चुनाव है, उनकी

मज़बूरी नहीं। वैसे यह टिप्पणी न तो लम्बी कविता के संदर्भ में पढ़ी जानी चाहिए और न विदग्ध कवियों के काव्य-प्रयोग के संदर्भ में। यहाँ जिस बात को रेखांकित किया जा रहा है वह यह कि कविता में कथात्मकता प्रवेश करके सिर्फ़ एकरसता पैदा नहीं करती, वह कविता के स्पेस को भी हथिया लेती है। इतना ही नहीं, वह संगीत की संभावनाओं को भी ख़त्म कर डालती है। कथा और संगीत का सह-अस्तित्व तो नामुमकिन है, क्योंकि एक कालबद्ध है और एक कालमुक्त। उसकी उपस्थिति से कविता में संभावित नाटकीयता आहत होती है और नाट्य-तत्त्व के अभाव में जीवन के अंतर्विरोधों का अंकन कठिन होता है।

'टूटी हुई बिखरी हुई' एक ऐसी लम्बी कविता है, जिसका ढाँचा कथात्मकता के निषेध से निर्मित हुआ है। इसके तेईस टुकड़े हैं। प्रत्येक टुकड़ा स्वतंत्र सांगीतिक रचना सरीखा है। ध्यान दिया जाना चाहिये, कि हरेक टुकड़े के बाद पर्याप्त अंतराल (स्पेस) निर्धारित है। ये छोटे-छोटे असंबद्ध-से दिखनेवाले 'म्यूज़िकल कम्पोज़िशन्स' अपनी गहराई, आवेग और सघनता के कारण ऊपर वर्णित खाइयों को लाँधते हुए एक दूसरे से लिपटकर प्रेम की आतुरता का एक अद्भुत सांगीतिक आख्यान सृजित करते हैं। जो लोग टूटकर प्यार करते हैं और प्यार करने में टूट भी जाते हैं, उनकी पल-प्रतिपल परिवर्तित होनेवाली मन:स्थितियों के आरोह-अवरोह, हर्ष-विषाद, धूप-छाँव और पग-पग पर घटित होनेवाली जीवन-मृत्यु को जिस तरह इस कविता में निबद्ध किया गया है, वह हिंदी कविता के लिए एक बड़ी उपलब्धि है। कहाँ तो एक तरफ़ कबूतरों की गुनगुनाई हुई मुलायम ग़ज़ल अपनी बेध्यता से कवि के मन में एक नई धुन पैदा कर देती है–

***"कबूतरों ने एक ग़ज़ल गुनगुनाई...<br>मैं समझ न सका, रदीफ़-क़ाफ़िए क्या थे,<br>इतना ख़फ़ीफ़, इतना हलका, इतना मीठा,<br>उनका दर्द था।"***

और कहाँ यही अविराम-अविचल धुन प्रेम की नियति के ठंडे चट्टान पर अकेला छोड़कर उसे न जाने कहाँ विलीन हो जाती है?–

*"बहुत-से तीर बहुत-सी नावें, बहुत-से पर इधर,*
*उड़ते हुए आए, घूमते हुए गुज़र गए,*
*मुझको लिए, सबके सब। तुमने समझा,*
*कि उनमें तुम थे। नहीं, नहीं, नहीं।*
*उनमें कोई न था। सिर्फ़ बीती हुई,*
*अनहोनी और होनी की उदास,*
*रंगीनियाँ थीं। फ़क़त।"*

'टूटी हुई बिखरी हुई' को पढ़ते हुए न जाने क्यों सोलहवीं-सत्रहवीं शताब्दी के महान इतालवी संगीतकार और वायलिन के साधक विवाल्डी की प्रसिद्ध रचना 'फ़ोर सीज़न्स' की बरबस याद आ जाती है। जो विवाल्डी के काम से अनभिज्ञ हैं, उनकी सूचना के लिए यह बताना ज़रूरी है कि 'फ़ोर सीज़न्स' में यूरोप की चारों ॠतुओं के अलग-अलग मूड्स का मनोहारी ध्वन्यांकन हुआ है। इस अलौकिक रचना को सुनते हुए आप संगीत के नाना प्रकार की चोट खाकर सहसा नए देश-काल में अवतरित हुआ महसूस करते हैं। कहना मुश्किल है कि यह संगीत-रचना शमशेर ने सुनी थी या नहीं और अगर सुनी थी तो यह उन्हें पसंद थी भी या नहीं। पर 'टूटी हुई बिखरी हुई' के अनुभव-जगत् में पतझड़ की वैसी ही उदास मरमराहट व्याप्त है, उसी तरह शीत की बर्फीली बारिश होती है, वैसे ही ग्रीष्म का झंझावात उठता है और इन सबके बीच उसी तरह जीने की लालसा बलवती होती है। शमशेर के काव्य-लोक में मात्र चार या छ: ॠतुओं के रूप-रंग और रस-गंध अवतीर्ण नहीं होते, उसमें अनेक ज्ञात-अज्ञात दुनियाँ की छवियाँ झिलमिलाती हैं।

विवाल्डी संगीतकार होने के साथ-साथ एक 'प्रिस्ट' भी थे। और शमशेर? जी हाँ, शमशेर भी एक पुजारी हैं–सौंदर्य के पुजारी। हिंदी साहित्य में विद्यापति के बाद वे सबसे सौंदर्योपासक कवि हैं। दोस्तोयेव्स्की की तरह शायद उनकी भी धारणा है कि इस दुनिया को सुंदरता ही बचा सकती है। ऐसी कोई चीज़ उन्हें बर्दाश्त नहीं जो असुंदर है। उनके लिए सत्य को भी सुंदर बनकर आना

पड़ता है। सौंदर्य ही शमशेर का अध्यात्म है। इस बात को प्रमाणित करने के लिए उनकी कविताओं से उद्धरण खोजने की आवश्यकता नहीं, वह हरेक जगह विद्यमान है। उदाहरणार्थ इन पंक्तियों को देखें–

*"मुझको प्यास के पहाड़ों पर लिटा दो जहाँ मैं,*
*एक झरने की तरह तड़प रहा हूँ।*
*मुझको सूरज की किरनों में जलने दो,*
*ताकि उसकी आँच और लपट में तुम,*
*फ़ौवारे की तरह नाचो।*
*मुझको जंगली फूलों की तरह ओस से टपकने दो,*
*ताकि उसकी दबी हुई ख़ुशबू से अपने पलकों की*
*उनींदी जलन को तुम भिंगो सको, मुमकिन है तो।"*

प्रस्तुत कविता में सौंदर्य के साथ-साथ दैहिकता भी उमड़ी चली आई है। यों दैहिकता शमशेर की कविता में कोई नई चीज़ नहीं है और न ही सौंदर्य के वृत्त से बाहर की कोई वस्तु।

सलोने ज़िस्म की सुंदरता के सामने तो उनका कवि हमेशा से मंत्र-मुग्ध और अवाक् रहा ही है। इस कविता में दैहिकता सौंदर्य का विकिरण नहीं, आतुर वासना की संवाहिका बनकर आई है। लेकिन यहाँ मुख्य चीज़ दैहिकता और ततजन्य वासना नहीं, हालाँकि अगर वह हो तो क्या आपत्ति है? बल्कि उसकी गहन पीड़ा है। ज़रा देखिये–

*"वह मुझ पर हँस रही है, जो मेरे होठों पर एक तलुए,*
*के बल खड़ी है,*
*मगर उसके बाल मेरी पीठ के नीचे दबे हुए हैं,*
*और मेरी पीठ को समय के बारीक तारों की तरह,*
*खुरच रहे हैं,*
*उसके एक चुम्बन की स्पष्ट परछायीं मुहर बनकर उसके,*

*तलुओं के ठप्पे से मेरे मुँह को कुचल चुकी है,*
*उसका सीना मुझको पीसकर बराबर कर चुका है।"*

शमशेर की ख़ासियत यह है कि वे इन पीड़ाओं से घिरे रहने के बावजूद अपनी अपूर्णता से पराजित नहीं होते। रीतने के क्षणों में वे ख़ुद को और भर लेते हैं। आत्मदान की मुद्रा में उठे हुए उनके हाथ उन्हें और उदात्त बना देते हैं। 'टूटी हुई बिखरी हुई' मनुष्य की अपूर्णता के स्वीकार के साथ-साथ उसी में मुक्त हो सकने की संभावना को रेखांकित करती है।

# असाध्य वीणा: एक अलंकृत काव्याभूषण

विनोद दास

प्रत्येक लम्बी कविता, बड़ी कविता नहीं होती। हालाँकि कई बार कवि की वह महत्त्वाकांक्षी कविता ज़रूर होती है। अज्ञेय की असाध्य वीणा भी ऐसी ही एक कविता है। लम्बी और महत्त्वाकांक्षी।

असाध्य वीणा का वितान काफ़ी बड़ा है। लम्बी कविता को साधने के लिए आमतौर से तीन तरह की काव्य प्रविधियाँ अपनायी जाती रही हैं। पहली प्रविधि कविता को आख्यान की ईंटों पर खड़ी करने की है। कई दफ़ा ऐसी कविताएँ घटना या चरित्र पर आधारित होती हैं। कहना न होगा कि यह एक सरल-सहज प्रविधि है। इसमें कवि को काव्य ढाँचा सहज ही उपलब्ध हो जाता है। निराला की राम की शक्ति-पूजा इसी श्रेणी की सर्वोत्कृष्ट कविता है। दूसरी प्रविधि, एक विषय पर केन्द्रित छोटे-छोटे काव्य-खंडों में विचार स्फुलिंगों को जोड़कर लम्बी कविता रचने की है। इस प्रविधि में केदारनाथ सिंह की 'बाघ' कविता की याद सहज आती है। इसमें कवि आख्यानपरक कविता की तुलना में कुछ अधिक स्वतंत्रता प्राप्त कर लेता है। तीसरी प्रविधि में कविता कवि के विचारों और भावनाओं के वेग के सहारे अपने आप आगे बढ़ती हुई बनती है। इसमें कवि को पूरी स्वतंत्रता होती है। हालाँकि कवि के सामर्थ्य की परीक्षा इसमें सर्वाधिक होती है क्योंकि कवि को अपने भावोद्गारों और विचारों की सरणि से पाठक को इस तरह बाँधना होता है कि पाठक उसके प्रवाह में बहता चला जाए। इसमें कवि की बौद्धिक स्नावयिक ऊर्जा की भूमिका बड़ी होती है। गजानन माधव मुक्तिबोध की लम्बी कविताएँ इसी प्रक्रिया का प्रतिफल हैं।

असाध्य वीणा एक आख्यानपरक कविता है। इसमें आख्यान का धागा पूरी कविता को जोड़े रखता है। कथा कुछ इस प्रकार है। एक राजा के पास एक ऐसी वीणा है, जिसे अभी तक कोई बजा नहीं सका है। इस वीणा को ब्रजकीर्ति ने उतराखण्ड के पर्वतों में स्थित एक प्राचीन किरीट तरु से बनाया है। राजा गुफावासी केश कंबली प्रियंवद नामक सच्चे स्वर साधक से उस वीणा को बजाने का अनुरोध करते हैं। किरीटी तरु को अपने आपको सौंपकर प्रियंवद उस पेड़ की स्मृति में डूब जाते हैं जिसे अनेक वर्षा ऋतुओं, जुगुनुओं, भौरों, पक्षियों को साहचर्य मिला है। बालक-सी निश्छलता के साथ स्वर साधक उस वृक्ष की संवेदना के साथ अपना तादात्म्य स्थापित करता है। वृक्ष से जुड़े परिवेश को पूरी शिद्दत के साथ याद कर प्रियंवद विनयपूर्वक आह्वान करता है कि वीणा के तारों में उस वृक्ष की संवेदना उतरे और अपने को गाए। फिर सहसा वीणा झनझना उठती है। सब उपस्थित रोमांचित हो जाते हैं। उपस्थित भावकों को अलग-अलग अनुभूति होती है। वीणा को बजाने के बाद साधक राजा से कहता है कि आपने जो सुना है मेरा नहीं, न वीणा का था, यह उसका है जो शब्दहीन है। सबमें गाता है। नमस्कार करके प्रियंवद अपनी गुफा लौट जाता है। सभा विसर्जित हो जाती है।

इस कविता के कथ्य अनेक व्याख्याएँ की जा सकती हैं। लेकिन मेरी दृष्टि में यह कविता एक कलाकार की सृजन प्रक्रिया को उद्घाटित करती है। जहाँ तक कथ्य की संरचना की बात है, इसे तीन खण्डों में मोटे तौर से विभाजित किया जा सकता है। पहले खण्ड वह है, जहाँ बजाना प्रियंवद के लिए चुनौती बनकर आता है और वह कलावंत की तरह नहीं, बल्कि एक विनयशील साधक की तरह वीणा के आद्य रूप उस प्राचीन किरीटी वृक्ष को अपनी कल्पना में साकार करता है। दूसरा खण्ड वहाँ से शुरू होता है जहाँ उस वृक्ष किरीट के परिवेश और अनुभव से जोड़कर स्वरसाधक अपनी कल्पना को रूप देने के लिए रचना सामग्री जुटाता है। सही मायनों में इस लम्बी कविता का सर्वाधिक काव्यात्मक अंश यही है। तीसरे खण्ड में, जहाँ राजा-रानी और सभा में उपस्थित श्रोतागण प्रियंवद की रचना की स्वर लहरियों को सुनकर अपनी अलग-अलग कल्पना के आकाश में विचरण करते हैं।

इस अंश में भी कवि की काव्यात्मकता प्रकट हुई है। हम सब जानते हैं कि किसी भी सृजन की यही तीन अवस्थाएँ होती हैं। इन तीनों अवस्थाओं को यहाँ दर्शाया ही नहीं गया है बल्कि इन तीनों अवस्थाओं का असाध्य वीणा में पूरी तरह से निर्वहन करने की भी चेष्टा की गयी है। इस तरह असाध्य वीणा में एक सुनियोजित संरचना के दर्शन होते हैं। इस कविता को एक बनाने में एक समान प्रवाह की बड़ी भूमिका है। पूरी कविता में एक विकास क्रम बना हुआ है। दूसरे शब्दों में, यह एक आख्यानपरक सरल, सहज और सीधी कविता है। इसमें रचनात्मक सफ़ाई और सिद्ध कौशल है।

अब इसके कथ्य की विषयवस्तु पर विचार कर लिया जाए। कहते हैं कि यह कविता चीन या जापान की लोक कथा पर आधारित है। विडंबना यह है कि इस पूरी कविता की रचना लोक भाषा में नहीं, संस्कृतनिष्ठ हिंदी में की गई है। यही नहीं, पूरी कथा अभिजन केन्द्रित है। कविता में श्रेष्ठता ग्रंथि की धारा अंतर्भूत दिखती है। मसलन जिस वृक्ष से वीणा बनी है, वह किरीट तरु है। किरीट शब्द पर विशेष ध्यान देने की ज़रूरत है, इसका सामान्य अर्थ होता है–सिरमौर। यह वृक्ष मामूली नहीं है। इसकी छाल से केहरि अर्थात् बाघ भी अपने कँधे खुजलाते हैं। इसकी शाखाएँ हाथी की सूँड़ सरीखी हैं। कोई छोटा नाग नहीं, नाग वासुकि इसकी गंध के लिए सोता है। श्रेष्ठता ग्रंथि के प्रदर्शन का यह चस्का ही है कि इस तरु के कोटर में भालू बसते हैं। यह सच है कि वीणा का निर्माण अमूमन कटहल के पेड़ से होता है और इसके लिए बड़ा अखण्ड लकड़ी का टुकड़ा प्रयोग में लाया जाता है। यह भी सच है कि कटहल के पेड़ लम्बे भी होते हैं। लेकिन उसके कोटर में भालू समा सकता है, यह कुछ अतिरेक लगता है।

यहाँ यह बताना संगत होगा कि यह कविता अज्ञेय ने शायद 1961 के आसपास लिखी थी। उस समय भारत एक बड़े लोकतंत्र के रूप में विकसित हो रहा था। राजशाही का खात्मा हो चुका था। ऐसे समय में एक कवि का राजशाही के परिवेश की कथा चुनना कवि की वैचारिक दृष्टि को प्रकट करता है। यह समय की चलती घड़ी की सुइयों को पीछे ले जाना है। एक तरह से अपने समय की तरफ़ पीठ करना है। दूसरे,यह भी उल्लेखनीय है कि अज्ञेय सृजन प्रक्रिया

को काव्य में रूपायित करने के लिए साहित्य नहीं, संगीत चुनते हैं। संगीत की रचना प्रक्रिया और उसके आस्वादन को चुनने की पीछे भी अज्ञेय की दृष्टि का पता चलता है। वह अपनी एक कविता में कहते हैं कि" शब्द में मेरी समायी ना होगी,मैं सन्नाटे का छंद हूँ"। दरअसल शब्द-रचना की तुलना में संगीत की रचना प्रक्रिया कुछ अधिक अमूर्त और अलौकिक होती है। जितना अधिक विषय अमूर्त, अलौकिक और समय की धूल-गर्द से परे हो,अज्ञेय के काव्य स्वभाव के अनुकूल होता है। इस तरह असाध्य वीणा कविता का विषय अपने समय से आँख फेरे रहता है।

बहरहाल केश कंबली और गुफा गेह प्रियंवद असाध्य वीणा को बजाकर वापस वहीं चला जाता है। दरअसल इस कविता में पूरी घटना राज दरबार में घटित होती है। अतः पूरी कथा गुफा गेह वासी एकांतप्रिय साधक और राजसत्ता के बीच घूमते हुए स्मृतियों के उस वन प्रांतर प्रदेश में जाती है जिसके वृक्ष से यह वीणा बन जाती है, जो बजाई नहीं गई है। इस तरह इस कविता का अधिकांश हिस्सा स्मृतियों के आँचल में बना रहता है। प्रियंवद किरीटी तरु की कल्पना करते हुए स्मृति के हिंडोलों में झूलता है। वह कहता है कि इस वृक्ष के कँधों पर बादल सोते थे। उसके कान में पर्वत अपने रहस्य कहते थे। बरसात और जुगनू आरती उतारते थे। भौंरों का गुँजन, झिल्ली का मंगल गान, पक्षियों का कलरव और उनकी क्रीड़ा से काँपती डालियों जैसे दृश्यों को याद करने के बाद प्रियंवद कहता है–'मेरे अँधेरे में आलोक जगा-स्मृति का, श्रुति का।' यहाँ यह उल्लेखनीय है कि इस स्मृति में जीवन की रगड़ नहीं, कोमल प्राकृतिक दृश्यों की लड़ी मौजूद है। यह लड़ी निरंतर चलती रहती है। पत्तियों पर बारिश की बूंदों की पटापट, घनी रात में महुए का चुपचाप टपकना, चौंके खग शावक की चिहुँक। यहाँ अज्ञेय की ऐंद्रिकता सामने आती है। इसके अनुरूप उनकी भाषा भी है। उत्सव ढोलक की थाप की तरह उत्सवी भाषा। एक उदाहरण देखिए–'फूल सूंघनी की आतुर फुरकन, शरद ताल लहरियों की सरसर, कूंजों की क्रेंकार।' अज्ञेय का यह नाद सौंदर्य सहसा सुमित्रानंदन पंत की याद दिलाता है–'खग कुल कुल-सा बोल रहा, किसलय का आँचल डोल रहा।'

इस कविता के तीन लम्बे अंशों में प्रियंवद स्मृति संसार में विचरण करता रहता है। पहले अंश की चर्चा पहले हो चुकी है। इसी प्रकार कविता के दूसरे अंश में भी प्रकृति से जुड़े दृश्य हैं। काले मेघों की बाढ़, चढ़ती बहिया की घरघराहट, रेतीले कगार का गिरना छप छपाड़, झंझा की फुफकार, पेड़ों का अरराकर गिरना। फिर कविता में अचानक पट परिवर्तन होता है। पहली बार कविता में अज्ञेय उदास दृश्यों को निरूपित करते हैं मसलन ओलों की कर्री चपत,जमे पाले, तनी कटारी-सी सूखी घासें की टूटन, धरती के घावों को चुपचाप सहलाते हुए हिम तुषार के फाहे। इन उदास दृश्यों के बाद स्मृति के तीसरे अंश में तलहटी में बसे गाँव को काव्य नायक याद करता है। कुछ उदाहरण हैं–वन पशुओं की नानाविधि आतुर तृप्त पुकारें, गर्जन, घुरघर, चीख, भूख, हुक्का, चिंचियाहट, पंथी घोड़ों की धीर टाप।

अज्ञेय असाध्य वीणा में ध्वनियों का यह समुच्चय एक सधे हुए शिल्पी की तरह तैयार करते हैं, जो कि कविता के कथ्य के अनुरूप है। प्रियंवद की वीणा वादन के लिए कच्ची सामग्री के रूप में ऐसी ध्वनि स्रोतों की तलाश है। लेकिन इस स्रोत सामग्री का प्रतिफलन कला रचना में किस प्रकार होता है? इसे कविता के अगले हिस्से में रूपायित किया गया है। वीणा वादन का प्रभाव राजा-रानी और उपस्थित राज दरबारियों पर अलग-अलग होता है। राजा का मुकुट शिरीष फल की तरह हलका लगने लगता है। ईर्ष्या, द्वेष, चाटुकारिता जैसे अनेक विकार झर जाते हैं। रानी को रत्न और आभूषण अँधेरे की तरह और अनन्य प्रेम एक आलोक-सा लगने लगता है। राज दरबार में उपस्थित किसी भावक को बटुली में सोंधी खुशबू, तो किसी को नई वधु की पायल की सहमी ध्वनि, किसी को जाल में फँसी मछली की तड़पन, तो किसी को शिशु की किलकारी, तो किसी को नभ में उड़ती चिड़िया की चहक, किसी को मंडी की ठेलपेल, किसी को लोहे पर सधे हथौड़े की सम चोटें, किसी को लंगर से बंधी नौका पर लहरों की सतत् थपेड़ें, किसी की बटिया पर रखे चमरौधे पर सधी चाप, किसी को कुलिया की कटी मेंड़ से बहते जल की कल कल, किसी को नटी की एड़ी की घुँघरू की गमक, किसी को गोधूलि की लघु टुनटुन का अनुभव होता है। एक ही रचना

भावक के मन में अलग-अलग दुनिया सृजित करती है जो ज़ाहिर है कि उसके जीवनानुभव से निःसृत होता है। अज्ञेय इस काव्यांश में एक व्यापक दुनिया को समेटते हैं। यह इस बात को भी दर्शाता है कि उस राज दरबार में विभिन्न वर्ग के लोग मौजूद रहे होंगे। लोहे पर सधे हथौडे की सम चोटें, बटुली में सौंधी खुशबू, लंगर से बंधी नौका पर लहरों की सतत् थपेड़े, कटी मेंड़ से बहते जल की कल कल, नटी की एडी की घूँघरू की गमक जैसी मानवीय उष्मा लिए बिंब अज्ञेय की काव्य प्रतिभा और उनकी अनुभव संपदा का पता देते हैं।

किसी कवि के काव्य व्यक्तित्व को समझने के लिए उसकी रचना वस्तु को जानना ज़रूरी है। पहला सवाल यही उठता है कि अज्ञेय इस कथा का चयन क्यों करते हैं? यह सही है कि कोई कवि किसी भी विषय पर लिख सकता है। अज्ञेय अपनी कविता के काव्य नायक ऐसा चुनते है जो केश कंबली और गुफा गेही है। वह राजा के निमंत्रण पर आता है और राज दरबार में असाध्य वीणा को बजाकर वापस गुफा में चला जाता है। यहाँ यह बताना असंगत न होगा कि इस काव्य नायक स्वर साधक की स्मृति संपदा में केवल प्रकृति से जुड़े अनुभव हैं जो उसे अपने परिवेश से सहज ही मिल गए हैं। तलहटी से जुड़े गाँव का अनुभव जबरन अपने हक़ के लिए उसके अनुभव में जुड़ गए हैं। ये अनुभव उसके स्वार्जित नहीं हैं। हम कह सकते हैं कि प्रियंवद सुरक्षित दुनिया में प्रगाढ़ कल्पना की उड़ान भरता है। उसके लिए वीणा बजाना एक आदर्श को चरितार्थ करने का एक उपक्रम है। यह तभी संभव हो पाता है, जब वह अतीत से साक्षात्कार करता है। वीणा बजाकर वह फिर अपने एकांत को वरण कर लेता है। इस तरह हम देखते हैं कि प्रियंवद की यह दुनिया एक आत्मनिर्भर दुनिया है। इसमें वर्तमान की न तो आग है और न ही जीवन संघर्ष की रगड़-धगड़। एकाध जगह उसे दैन्य की आहटें सुनायी देती हैं जो एक सुदूर बैठे व्यक्ति की सुनी हुई गूँजें लगती हैं। यथार्थ के हाहाकार नहीं। दूसरे शब्दों में, इसके काव्य नायक का अपने जटिल संसार से कोई नाता-परिचय नहीं है।

सच यही है कि अज्ञेय ऐसे काव्य नायक ही चुन सकते थे। यही उनके लिए प्रवृत था और यही उनके लिए सहज भी था। इस काव्य नायक के स्थान पर

आप स्वयं इस कविता के कवि अज्ञेय को भी रख सकते हैं। गुफा गेही प्रियंवद की तरह वह भी एकांत प्रिय रहे हैं। गुफा को तो नहीं लेकिन केवेन्टर स्थित अपने अरण्य में कुछ दिनों के लिए उन्होंने पेड़ पर अपना आवास भी बनाया था। प्रियंवद की ही तरह उनकी भी सत्ता के गलियारों में आवाजाही थी। कहते हैं कि उनकी स्वकेन्द्रित दुनिया में उनकी शर्तों पर ही प्रवेश मिल सकता था।

प्रारंभ में ही संकेत किया जा चुका है कि अज्ञेय की यह सबसे महत्त्वाकांक्षी कविता है। इस कविता की संरचना से लेकर काव्य-बिंबों एवं काव्य-भाषा तक उनका प्रभाव दिखाई देता है। संरचना चाक-चौबंद है। कविता को वाचन की दृष्टि से विकसित किया गया है। कविता पाठ करते हुए कहाँ विराम देना है और कहाँ से फिर शुरू करना है, इसकी पूरी व्यवस्था कविता की संरचना में की गई है। कहीं -कहीं तुक मिलाये गए हैं और कहीं-कहीं पर लय का सहारा लिया गया है। उदाहरण के लिए देखें–'सब डूबे, तिरे, झिंपें, जागे अथवा किलक और पुलक अथवा मैं सुनूं, गूनूं बहते जल की घुलघुल' को पाठ करने से नाद साम्य पैदा किया गया है। भाषा और काव्य बिंब पर विशेष बल दिया गया है। बिंबों में ताज़गी है। लेकिन इन बिंबों के अभिभूत होने के क्षण में ही कहीं चौकन्नापन है। यहाँ तक कि तन्मयता में भी एक प्रकार की सायासता महसूस होती है। इस कविता में कवि इतना चौकस है कि कहीं उसकी पकड़ ढीली नहीं होती। बिंबों में भी एक कुशल शिल्पी की तरह रत्नों को कविता में एक-एक करके जड़ा गया है। बिंब भी चित्र लिखित लगते हैं। आभूषण में जड़े एक-एक नग की तरह। असाध्य वीणा पूरी तरह से गहने की तरह एक गढ़ी हुई कविता लगती है। एक सुंदर काव्याभूषण। अज्ञेय काव्य-संयम अकसर हमारा ध्यान उनकी संप्रेष्य अनुभूति से हटकर, उनकी शिल्प की तराश और भाषा पर केन्द्रित कर देता है।

भाषा कवि के अपने परिवेश के साथ संपूर्ण लगाव की उपज होती है। लेकिन असाध्य वीणा में कवि जिस तरह से भाषा का प्रयोग करता है, इसे देखना दिलचस्प होगा। अज्ञेय असंख्य के लिए निसंख्य शब्द प्रयोग करते हैं। लघु टुनटुन का प्रयोग अज़ीब-सा लगता है। इसमें टुनटुन देशज नाद द्योतक शब्द है, उसके साथ लघु जैसे संस्कृतनिष्ठ शब्द का प्रयोग मेल नहीं खाता और कानों

में अटकता है। यही नहीं, लीयमान सरीखे शब्द का प्रयोग अखरता है। कविता में संस्कृतनिष्ठ शब्दों की बाढ़ देखने को मिलती है। उदग्र, पर्यत्सुक, प्रतीक्षमाण, अनिमेष, संयुत, अविभाज्य, अनाप्त, अद्रवित, अप्रमेय, अक्षत्, आत्मभारित, विश्रान्ति, मंत्रपूत जैसे शब्दों से कविता के रसास्वादन में बाधा आती है। संसृति की सायं-सायं...का दलंभी टिटिम्भ, चोर पैर द्रुत धावित जैसे प्रयोगों को देखकर लगता है कि कविता की भाषा अपने समय से कटी हुई है। कई बार शब्द और भाव छिटक जाते हैं और काव्य संवेदना कच्चे बीजों की तरह बिखर जाती है। कई बार मर्मस्पर्शी बिंब तत्समी हिंदी के कारण अपेक्षित प्रभाव नहीं छोड़ते। यही कारण है कि कविता में केहरि उसके वल्कल से कँधे खुजलाते आते थे जैसा भावप्रवण बिंब अपनी शक्ति खो देता है। यदि आम बोलचाल की भाषा में सिंह उसकी छाल से अपनी देह सहलाते थे, लिखा जाता तो अधिक संवेद्य होता। इस तरह हम पाते हैं कि अपने जड़ीभूत सौंदर्य के कारण असाध्य वीणा कविता न तो मन को मथती है, न ही कोई द्वंद्व पैदा करती है। बस एक निःशब्द मौन में सिमट जाती है। अज्ञेय इस कविता के अंत में कहते हैं कि प्रिय पाठक, यों मेरी वीणा भी मौन हुई। यह एक ऐसा कोना है जो ज़िन्दगी से दूर किसी एकांत में ले जाता है। एकांत जहाँ सन्नाटा बजता है। उसी प्रकार जिस तरह इस कविता का नायक केश कंबली प्रियंवद अपनी गुफा गेह के एकांत में चला जाता है।

इस विश्लेषण से स्पष्ट है कि असाध्य वीणा में सुनियोजित रूप से ऐसा विषय चुना गया है जो ज़िन्दगी के धूल-गर्द से दूर शाश्वतता का भान कराती है और यह अपेक्षा करती है कि फ़िलहाल हम अपने परिवेश के तात्कालिक दबावों और आग्रहों को बिसरा दें। उससे कट जाएँ और सृजन प्रक्रिया की जटिलता के निर्मल सागर में डूब जाएँ। वैसे असाध्य वीणा कविता में कला की उदात्त तक पहुँचनेवाली सृजनात्मक कल्पना के प्रतिमान मौजूद हैं लेकिन शाश्वत कथ्य को लेकर अपने आग्रहों के फलस्वरूप तत्कालीन सामाजिक जीवन की निपट नंगी और चीखती सच्चाई को कवि खो देता है जिसका न तो कोई बोध है और न ही कोई गहरी टीस। इसके परिणामस्वरूप यह कविता कवि की बड़ी कविता नहीं, बल्कि एक सजी-सँवरी कला के दायरे में घूमती कविता भर रह जाती है।

# नागार्जुन ने उस नरसंहार को गाथा की तरह लिखा

## प्रभात

*"हरिजन माताएँ अपने भ्रूणों के जनकों को,*
*खो चुकी एक पैशाचिक दुष्काण्ड में।"*
*"ज़िन्दा झोंक दिए गए...,*
*प्रचण्ड अग्नि की विकराल लपटों में,*
*साधन संपन्न ऊँची जातियों वाले,*
*सौ-सौ मनुपुत्रों द्वारा!"*

इंसानों ने इंसानों को क्यों जला दिया? नागार्जुन बताते हैं–

*"ऊँची जातियों वाली वो समूची आबादी*
*आ गई...होली वाले 'सुपर मौज' के मूड में"*

(किरासिन के कनस्तर, मोटे-मोटे लक्कड़, उपलों के ढेर, सूखी घास फूस के पूसें जुटाए गए...उल्लास पूर्वक)

*"एक विराट चिता कुण्ड के लिए,*
*खोदा गया गड्ढा हँस-हँसकर"*

जब तेरह आदमियों को ज़िन्दा जलाया जा रहा था, किसी ने प्रतिरोध किया हो ऐसी कोई सूचना नहीं है। राज्य प्रशासन की भूमिका के बारे में नागार्जुन बताते हैं–

*"महज दस मील दूर पड़ता हो थाना,*
*और दारोगा जी तक बार-बार,*
*ख़बरे पहुँचा दी गई हों, संभावित दुर्घटनाओं की,*

*और निरंतर कई दिनों तक चलती रही हो तैयारियाँ सरेआम,*
*तब यह घटना घट गई थी।"*

इस नरसंहार पर पहली नि:शब्द प्रतिक्रिया हरिजन स्त्रियों की है। उनकी प्रतिक्रिया से ही इस कविता की शुरुआत होती हैं–

*"महसूस करने लगीं वे,*
*एक अनोखी बेचैनी,*
*एक अपूर्व आकुलता।*
*उनकी गर्भ कुक्षियों के अंदर*
*बार-बार उठने लगीं टीसें*
*लगाने लगे दौड़ उनके भ्रूण अंदर ही अंदर।"*

विश्वनाथ त्रिपाठी ने लिखा है कि–'ऐसी कल्पना शायद ही किसी कवि ने की हो कि अपने जनकों पर जो अत्याचार हो रहे थे। उसकी पीड़ा में उनकी संतान भ्रूण उद्वेलित होकर पेट में दौड़ने लगी।'

नागार्जुन ने यह कविता 1997 में लिखी थी–'1917 में पटना के करीब 40 किलोमीटर दूर स्थित गौण बेलछी में हुए दलितों के नरसंहार के आक्रोश में लिखी थी। उस नरसंहार में 13 दलितों को ज़िन्दा जला दिया गया था।'

कविता तीन हिस्सों में लिखी गई है। पहले हिस्से में यह वर्णन है कि नरसंहार किस तरह हुआ? दूसरे हिस्से में नागार्जुन की व्यथा, बेचैनी और आक्रोश के रूप में व्यक्त हुई है।

समाज में से बुजुर्ग हरिजन, बुद्धू और खदेरन, एक नवजात शिशु को नायक की तरह देखते हैं। यह नवजात शिशु वह है जिसका पिता इस नरसंहार में जला दिया गया। उन दोनों बुजुर्गों के मार्गदर्शन के लिए रैदासी कुटिया के अधेड़ संत बाबा ग़रीबदास आते हैं। कविता में जिस संत बाबा ग़रीबदास की कल्पना की गई है। वह कोई और नहीं स्वयं बाबा नागार्जुन ही है। कवि की अपनी चेतना ही मार्गदर्शक की भूमिका निभा रही है। यह दूसरा हिस्सा प्रतिरोध की रणनीति का है। तीसरे हिस्से में प्रतिरोध की रणनीति को अंजाम देने के लिए शुरू किये जाने वाले कार्यों से संबंधित है। पहला काम नवजात नायक को हत्याकाण्ड स्थल से

कहीं दूर, भूमिहारों की नज़रों से दूर, तो जाकर बचाने का ही है। उसके बाद उस नायक के अपनी के बीच बड़े होने और प्रतिरोध की तैयारियों के स्वप्न का है।

मैनेजर पाण्डेय ने एक जगह कहा है–'अगर आप हरिजन गाथा को देखें तो उसमें एक और उच्च वर्ग और वर्ण की ज़्यादती है तो दूसरी ओर दलितों की यातना और हत्या का वर्णन है। उस कविता के अंत में नागार्जुन दलितों की मुक्ति की संभावना को लेकर एक तरह से यूटोपिया रचते हुए दिखाई देते हैं।

आज़ादी मिले 68 वर्ष हो गए। नागार्जुन की इस कविता को लिखे 38 वर्ष हो गए। आज भी दलितों के साथ हिंसा, आगजनी और बर्बर अत्याचारों की ख़बरें आने का सिलसिला वैसा ही है। हम अख़बारों में देखते ही रहते हैं और पन्ना पलटते हुए पेज-थ्री की ओर बढ़ जाते हैं। दलितों पर उत्पीड़न का सिलसिला इतना अबाध और इतना अनवरत है कि मानो यही उनके जीवन की गाथा हो। 12 जनवरी, 2012 के जनसत्ता अख़बार के संपादकीय का यह अंश देखें–

'महाराष्ट्र के कराड में दलित उत्पीड़न की ताजा घटना इस बात की गवाह है कि देश में अपेक्षया विकसित कहे जाने वाले राज्यों में भी मध्ययुगीन बर्बरताएँ अलग-अलग चेहरों के साथ मौजूद हैं। सतारा जिले के कराड तालुका में तथाकथित ऊँची जाति के लोगों ने एक दलित महिला को ज़मीन पर गिराकर बाल पकड़कर घसीटा, निर्वस्त्र करके डण्डों और चप्पलों से पिटाई की और उसी हालत में गाँव में घुमाया। जब पीड़ित महिला शिकायत लेकर पुलिस के पास पहुँची, तो उसकी बात यह कहकर सुनने से इंकार कर दिया कि तुम्हारे समुदाय में ऐसा होता रहा है और इस मामले में हम कुछ नहीं कर सकते!'

'अनुसूचित जाति, जनजाति आयोग अपनी एक रपट में बता चुका है कि कमज़ोर वर्गों के ख़िलाफ़ अत्याचार के मामलों में लगभग सत्तर फीसदी अभियुक्त बरी हो जाते हैं।'

क्यों होता है ऐसा, कैसे संभव हो पाता है, यह सब इतनी आसानी से? वह क्या बुनियादी प्रवाह है जो हमारे समाज और संस्कृति में है, जो ऐसी घटनाओं को निरंतर होने दे रहा है। इन बर्बरताओं की जड़ें कहाँ हैं? दलितों पर अत्याचार हमारे

सामाजिक जीवन की दिनचर्या का हिस्सा है। ये सब खाते-पीते संपन्न और शिक्षित लोग करते हैं। क्या है इस समस्या का समाधान? नागार्जुन के मन में कोई द्वंद्व नहीं है, यह कहते हुए कि–

*"खुखरी, भाला, गंडासा, बम, तलवार...,*
*तलवार, बम, गंडासा, भाला, खुखरी..."*

नागार्जुन सशस्त्र क्रांति में इसका हल देखते हैं। सत्तर के दशक में जब यह कविता लिखी गई थी, तब क्रांति एक संभावना भी उन्हें लग रही हो, ऐसा हो सकता है। 1981 में, उन्होंने 'भोजपुर' कविता में लिखा भी कि–

*"यही धुआँ मैं ढूँढ़ रहा था,*
*यही आग मैं खोज रहा था,*
*यही गंध घी मुझे चाहिए,*
*बारूदी छर्रे की खुशबू!"*

हरिजन गाथा में भी वे सशस्त्र विद्रोह का स्वप्न देख रहे थे, कि एक दलित शिशु बड़ा होकर नायक बनेगा–

*"दिल ने कहा–अरे यह बालक,*
*निम्न वर्ग का नायक होगा,*
*नई ऋचाओं का निर्माता,*
*नए वेद का गायक होगा,*
*होंगे इसके सौ-सहयोद्धा,*
*लाख-लाख जन अनुचर होंगे,*
*होगा कर्म वचन का पक्का,*
*फोटो इसके घर घर होंगे,*
*दिल ने कहा–अरे इस शिशु को,*
*दुनिया भर में कीर्ति मिलेगी,*
*इस कलुए की तदबीरों से,*
*शोषण की बुनियाद हिलेगी।"*

लेकिन वास्तविकता तो कुछ और ही है, जिसकी आशंका ख़ुद नागार्जुन ने इसी कविता में व्यक्त की है–

*"मग्गह का यह बदनाम इलाका,*
*जाने कैसा सलूक करेगा इस बालक से,*
*पैदा हुआ है बेचारा,*
*भूमिहीन बंधुआ मज़दूरों के घर में,*
*जीवन गुज़ारेगा हैवान की तरह,*
*भटकेगा जहाँ-तहाँ बनमानुष जैसा,*
*अधपेटा रहेगा, अधनंगा डोलेगा,*
*तोतला होगा कि साफ़-साफ़ बोलेगा!"*

दलित जीवन की नियति का कैसा मार्मिक चित्र नागार्जुन ने खींचा है। केवल और केवल दलित परिवार में जन्मने मात्र से असंख्य शिशुओं का भाग्य तय हो जाता है कि हैवान की तरह उनकी ज़िंदगी गुज़रेगी। वे आज भी आदिम अवस्था में बनमानुषों की तरह इधर-उधर भटकते फिरेंगे। यह पंक्ति ध्यान देने योग्य है–'तोतला होगा कि साफ़-साफ़ बोलेगा।' जन्मना उनके बोलने में उनकी आवाज़ में कोई लड़खड़ाहट नहीं है, जब वे ऊँच-नीच आधारित समाज का सामना करेंगे, तो उनमें हीनता-ग्रंधी विकसित होना शुरू करेगी और उस हीनताबोध से उनकी आवाज़ में लड़खड़ाहट आएगी। वे तोतला बोलने लगेंगे। हीनताबोध से ग्रस्त मानसिक संरचना उनकी शारीरिक संरचना को विकृत कर देगी।

हाल ही में, हाशिमपुरा नरसंहार के सभी अभियुक्तों को न्यायालय ने बरी कर दिया। इस नरसंहार में मारे गए एक व्यक्ति के बच्चे की उम्र उस समय चार वर्ष थी। अब जब वह जवान हो चुका है, उसका बयान आया है कि–'जब उसके मृतक बाप को पुलिस उठा ले गई, वह केवल चार साल का था। ग़रीबी के कारण उसकी पढ़ाई-लिखाई नहीं हो सकी और उसे कोई ढंग का रोज़गार नहीं मिल सका। इस फ़ैसले के बाद (सत्ताइस वर्ष बाद) न्याय की रही-सही उम्मीद भी ख़त्म हो गई।'

वास्तविकताएँ नागार्जुन के रचे 'यूटोपिया' जैसी नहीं हैं, वे कहीं ज़्यादा भयावह है। अपने अंतिम हिस्से में 'हरिजन गाथा' कविता एक सरलीकरण में

चली गई है। जो अनवरत तनाव मुक्तिबोध की 'अँधेरे में' कविता में दिखाई देता है और जो स्थितियों की भयावहताओं को हलके में नहीं लेती है और पाठक की चेतना को प्रतिरोध के लिए मज़बूर करती जाती है या फिर नागार्जुन के बाद आलोक धन्वा की "बूनों की बेटियाँ" कविता है, जो अपने प्रश्नों से और अपने क्लासिक शिल्प से पाठक को झकझोरती चलती है। ख़ुद नागार्जुन ने 'बादल को घिरते देखा है' जैसी क्लासिक क़िस्म की कविताएँ लिखी हैं, लेकिन 'हरिजन गाथा' कविता की महत्ता यही है कि उन्होंने लगभग दैनिक होकर हमारी संवेदनाओं को जड़ कर चुकी ख़बर को गाथा की तरह लिखा और इस प्रश्न पर विचार करने को मज़बूर किया।

देश में बड़े पैमाने पर हो रही हिंसाएँ (हत्याएँ और आत्महत्याएँ) जिनमें राज्य और न्यायालय तक निष्प्रभावी साबित हो जाते हों, ऐसे में प्रतिरोध का रास्ता क्या हो? यह हमारे समय का प्रमुख प्रश्न है।

अरुंधती राय की दो बातों के साथ इस टिप्पणी को विराम देना उपयुक्त होगा। वे कहती हैं–

'राज्य लड़ाई को इतना थकाऊ बना देता है कि अवधारणा के स्तर पर सोचना मुश्किल हो जाता है। यहाँ तक कि अदालतें भी थका देती हैं। हर तरह से कोशिश करके लोग हार जाते हैं।'

'तमाम छोटी-छोटी लड़ाइयों का महत्त्व है। अभी भी एक बड़ी आबादी है जिसके ख़्वाब ख़त्म नहीं हुए हैं। वह अभी भी परिवर्तन की कल्पना पर यक़ीन करती है।'

# समझ ही आदमी को आदमी से जोड़ती है: नगई महरा

अच्युतानंद मिश्र

20वीं सदी की हिंदी कविता का हम चाहे जैसा भी चित्र बनायें, निराला उसके केंद्र में रहेंगे। निराला से फूटती हुई अनेक शाखाएँ हैं। त्रिलोचन उसी की एक मज़बूत शाखा का नाम है। निराला के काव्य का सबसे विकसित और आधुनिक रूप हमे त्रिलोचन के यहाँ नज़र आता है। त्रिलोचन के लिए भाषा का सर्वाधिक आधुनिक स्वरूप पूर्णतया संप्रेषणीय होना है। संप्रेषणीयता का अनिवार्य गुण सहजता है। त्रिलोचन सहजता को कभी नहीं छोड़ते, यह कहने से बेहतर होगा कि हम कहें कि त्रिलोचन सबसे सहज कवि नज़र आते हैं। लेकिन यह पूछा जा सकता है कि त्रिलोचन की इस सहजता के मूल में क्या है? स्पष्ट रूप से हम कह सकते हैं कि त्रिलोचन की इस सहजता के मूल में उनका सामाजिक बोध है। त्रिलोचन की कविताओं में समाज कभी नहीं छूटता है, उन कविताओं में भी नहीं जिसके केंद्र में त्रिलोचन स्वयं हैं।

व्यक्ति के सामाजिक होने की प्रक्रिया का सबसे जाग्रत रूप उसकी भाषा में नज़र आता है और यही भाषा वैयक्तिकता का सामाजिक बोध रचती है। 'मनुष्य एक सामाजिक प्राणी है' यह मात्र अवधारणागत चिंतन की विषयवस्तु नहीं, यह भाषागत सामाजिक अनुभव का विकसित रूप भी है। इसीलिए मनुष्य के सामाजिक होने की प्रक्रिया, उसकी दैनंदिन के अनुभव जगत् की प्रक्रिया का हिस्सा है और इन सबका मूर्त रूप भाषा है। त्रिलोचन की कविता भाषा और समाज के बीच एक पुल की भूमिका का निर्वाह करती है, वह मनुष्य के

सामाजिक अनुभव का विस्तृत दायरा निर्मित करती है। भाषा के बगैर मनुष्य के सामाजिक प्राणी होने की कल्पना भी नहीं की जा सकती। त्रिलोचन के लिए कविता सामाजिक चिंतन और वैयक्तिक जीवन को जोड़ने वाली इकाई है, इसलिए त्रिलोचन की कविता जीवन के बेहद निकट की कविता है और उनकी काव्य भाषा संवाद के बेहद करीब।

70 के दशक में हिंदी कविता में प्रगतिशील कवि एक बार फिर प्रमुख होने लगते हैं। त्रिलोचन, नागार्जुन, केदारनाथ अग्रवाल नई कविता के दौर में जिस सम्प्रेषणीय भाषा की तलाश कर रहे थे और कविता में जितने तरह के प्रयोगों को संभव कर रहे थे (हालाँकि पूरा प्रयोजन प्रयोगवाद के समानांतर ही था लेकिन त्रिलोचन और नागार्जुन के प्रयोगों का कोई वाद नहीं बना)। उसका मुक़म्मल रूप हमें 'नगई महरा' और 'हरिजन गाथा' में नज़र आता है।

***"गाँव वाले इधर-उधर कहते थे,***
***नगई भगताया है,***
***सामना हो जाने पर कहते थे,***
***नगई भगत,"***

यह है समाज का सच्चा चेहरा, लेकिन क्या इसमें यह मूल्य नहीं छिपा है कि इसी क्रूर अमानवीय समाज के कुछ आंतरिक नियम हैं, जिसके तहत नगई के सामने पड़ने पर यही लोग कहते हैं नगई भगत। इन आंतरिक नियमों को कौन बनाता है? सभ्यता के विकास के लम्बे क्रम में सामयिक मूल्य भी वर्चस्ववादी मूल्यों में बदलने लगते हैं। समाज का एक चेहरा हम देखते हैं, जो वर्चस्ववाद को प्रतिबिंबित करता है, लेकिन मनुष्य वास्तव में वर्चस्ववादी नहीं होता। सामाजिक होने की प्रक्रिया में मनुष्य कुछ नियमों का निर्माण करता है। वक्त के साथ अपरिवर्तित रह जाने की प्रक्रिया में ये नियम एक सामाजिक रूढ़ी की भूमिका में आ जाते हैं। त्रिलोचन जाति व्यवस्था की रूढ़ी को सामाजिक संस्कृति के अपरिवर्तनशील नियमों के तहत देखते हैं। लेकिन इस रूढ़ी और वर्चस्व में भी एक महीन दरार भी त्रिलोचन देखते हैं। वे सामाजिक व्यवहार की

प्रक्रिया में मौजूद प्रगतिशीलता के हवाले से उस दरार की तलाश करते हैं। यह दरार उपरोक्त पंक्तियों में भी देखी जा सकती है।

कोई भी समाज बहुत सारे अंतर्विरोधों का सृजन करता है। इन अंतर्विरोधों के रास्ते ही एक युग दूसरे युग में प्रवेश पाता है। लेकिन इस संक्रांति को देख सकने के लिए समाज के अंतरतम तक प्रवेश करने वाली कवि दृष्टि की दरकार होती है। नगई महरा एक बदलते हुए समाज और उसके गहरे होते अंतर्विरोध की कविता है। कई बार ये अंतर्विरोध इतने सूक्ष्म और धीमे होते हैं कि हम उसे परिवर्तन की तरह देख ही नहीं पाते। नगई के जीवन में हो रहे परिवर्तन उसके इर्द-गिर्द हो रहे परिवर्तन सामान्य दृष्टि में बहुत महत्त्व नहीं रखते, लेकिन कहीं बहुत गहरे में वे एक भविष्य के परिवर्तन को इंगित करते हैं।

नगई के जीवन का आधार उसका श्रम है। श्रम उसके भीतर एक सुंदर को रचता है। श्रम उसे मानवीय और मुलायम बनाता। वह प्रेम करता है। अपने भाई की सास को उसने अपने घर बिठा लिया है। वह उसकी प्रेमिका है। प्रेम और श्रम के द्वैत ही नगई के जीवन का आधार है और इसलिए वह समाज में उपेक्षित होकर भी मानवीय बना रह जाता है। घृणा और हिंसा उसे अमानवीय और हिंसक नहीं बनाती।

*"पूरा परिवार मैंने देखा,*
*पैरों पैरों है,*
*हाथों ने काम कोई लिया, किया,*
*हो जाने का ही काम,*
*हाथों में आता था,"*

नगई जिस समाज में रहता है, वह जाति में बँटा हुआ समाज है। नगई महरा है और ज़ाहिर-सी बात है कि वे तथाकथित सवर्ण जाति वालों के लिए महज़ एक कहार है। उसकी घरनी और वह दोनों वक्त श्रम करते हैं और श्रम की संस्कृति एक श्रेष्ठता का बोध रचती है।

*"क्योंकि नगई महरा थे,*
*सबके लिए,*

*केवल बड़े बूढ़े बखरीवाले,*
*नगई बुलाते थे,*
*कभी नगई कभी महरा,*
*जो भी ज़बान पर चढ़ आया,*
*कहने की झोंक में,"*

स्पष्ट रूप से यहाँ सवर्ण समाज के भीतर की एक महीन दरार त्रिलोचन दिखाते हैं। एक ओर बड़े बूढ़े और बखरीवालों का समाज है, जो गुज़र गये युग के प्रतिनिधि हैं। वे वर्तमान में नहीं भूत में ही जीना पसंद करते हैं और उनके लिए नगई या तो सिर्फ़ नगई है या फिर महरा। दरअसल नगई के साथ महरा का जुड़ना–दोनों की एकता में–श्रम और मनुष्यता की पहचान का बोध छिपा है, जबकि अगर किसी एक के रूप में पुकारने पर सिर्फ़ जाति का बोध ही महत्त्वपूर्ण रह जाता है। यह भेद दो पीढ़ी, दो युग और दो भिन्न सामाजिक दृष्टिकोण को इंगित करता है।

लेकिन यह ज़रूरी नहीं कि समाज हरदम आगे को ही बढ़े। उसकी दिशा एक साथ कई दिशाओं की ओर होती है। ऐसे में समाज के भीतर कुछ इस तरह के भी लोग थे, जिन्हें नगई की चर्चा प्रिय नहीं थी। उनके अपने रूढ़ नियम थे, जिसमें नगई का प्रतिरोध चोट करता था। क्या था नगई के प्रतिरोध का तरीका? वह था चुपचाप अपने काम के प्रति सचेत होना। क्रियाशीलता चेतना को भीं समृद्ध करती है। प्रगतिशील कविता का महत्त्व इस अर्थ में और बढ़ जाता है कि क्रियाशीलता की इस चेतना को वह भाषिक प्रतिबिंब में बदलती है।

हर दौर के कवि को कवि और मनुष्य इस द्वैत में जीना होता है। एक तरह से कहें बाहरी दुनिया का जो तनाव हम कविता में देखते हैं, वह निजी रूप में कवि के भीतर कवि और व्यक्ति के संघर्ष के रूप में सतत् चलता रहता है। निराला जैसे सचेत और जागरूक कवि के लिए यह कठिन न था, कि वह अपने जीवन को थोड़ा सँवार लेते, उसे अधिक व्यवस्थित और अधिक सुनियोजित शक्ल दे देते, लेकिन निराला का कवि हरदम व्यक्ति के रूप में निराला पर विजय पाता रहा। यही वजह है कि निराला का संघर्ष उन्हें कवि के रूप में अधिक उर्वर और

जीवंत बनाता है। वे बार-बार जीवन में हारते हैं और कविता में घुलते जाते हैं। सरोज स्मृति और राम की शक्ति-पूजा में व्यक्ति निराला की पराजय को देखा जा सकता है और भाषा के सघनतम रूपों में उसे महसूस भी किया जा सकता है। यहाँ विषयांतर का महज़ इतना ही उद्देश्य है कि निराला की इस चेतना को नागार्जुन, त्रिलोचन, मुक्तिबोध आत्मसात करते हैं। त्रिलोचन के यहाँ भी कवि त्रिलोचन, व्यक्ति त्रिलोचन को संघर्ष में पछाड़ देता है। नगई महरा में भी इस तनाव को त्रिलोचन निर्मित करते हैं। एक तरफ़ कवि मन है जो नगई महरा के रूप में नज़र आता है, क्योंकि वह रच रहा है। वह जीवन के हर क्षण में क्रियाशील है। एक कवि की तरह, दूसरी तरफ़ यह समाज है, जो व्यक्ति के रूप में निजी आकाँक्षाओं से घिरा है, जाने-अनजाने वह सृजन के विरोध में खड़ा है। त्रिलोचन इस मानसिक विभाजन को दो मनुष्यों के रूप में सिरजते है। एक तरफ़ उनका कवि मन है, नगई महरा के रूप में जो अभिव्यक्ति पाता है, दूसरी तरफ़ व्यक्ति के रूप में कवि स्वयं है। तो क्या यह जो वर्ग और वर्णों में बँटा समाज है, उसमें सर्जक के तौर पर कवि निम्न वर्ण की श्रेणी में नहीं आता। सामाजिक रूप से असफल। अपनी सामाजिक उपयोगिता को बार-बार साबित करते हुए भी समाज की श्रेणी में निचले पायदान पर। दूसरी तरफ़ वर्चस्ववादी समाज का तबका है जो अपनी चेतना से सृजन का विरोध करता है।

'नगई महरा' कविता कई स्तरों में समाज के उस शक्ल को हमारे सामने लाती है, जिसमें समाज के आंतरिक विभाजन के परिणामस्वरूप लोगों के सोचने और बरतने के फ़ासले को समझा जा सकता है। त्रिलोचन बेहद बारीकी से उसे बुनते हैं, इन दृश्यों में गतिशील जीवन की ऐतिहासिक परम्परा की अनुगूँज भी है और उनके रूढ़ होते अर्थों का प्रतिरोध भी–

***"इमली के पेड़ तले मैं था,***
***घेउरा बुआ थी महरिन पानी भरने आ गई,***
***बुआ ने बुलाया महरिन,***
***महरिन आ गई पास,***
***बुआ ने, अब मैं समझता हूँ,***

*कुछ प्यार कुछ तिरस्कार से,*
*कहा होगा महरिनिया,*
*तू दामाद के घर,*
*क्यों बैठ गई?*
*महरिन का जवाब पहले का तैयार लगा,*
*बुआ, अपनी ओर ही निगाह करो,*
*दूसरों को बूझने से अपना ही बूझना,*
*कहीं अच्छा होता है,"*

और त्रिलोचन अपने को ही बूझने की प्रक्रिया में प्रतिरोध की भाषा अर्जित करते हैं और महरिन का जवाब कुछ इस तरह आता है, जैसे कवि के भीतर की अनुगूँज हो। भाषिक संवेदना के माध्यम से पारम्परिक चेतना में एक दरार पैदा होती है। भीतर का एकालाप बाह्य के संलाप में बदलता है। इस कविता में कई ऐसे दृश्य है, जिसमें संवादों के माध्यम से एक द्वंद्व उभारा गया है।

*"मैंने कहा महरा,*
*मैं तो अभी सीख रहा हूँ,*
*नगई ने कहा कितने होंगे,*
*जो जानते हैं कहीं,*
*कुछ सीखना है।"*

इन पंक्तियों में भी एक अंडरटोन तनाव है, लेकिन वह अर्थ के भीतरी तहों में मौजूद है। यहाँ नगई कवि की विनम्रता की तुलना किनसे कर रहा है, स्पष्ट है उन्हीं से जो प्रकांड पंडित, गुणी और विद्वान बनते होंगे। लेकिन नगई की दृष्टि में उनकी भीतर की आँख बंद है, क्योंकि वे कुछ सीखना नहीं चाहते। सीखना मनुष्य होने की प्रक्रिया का अनिवार्य अंग है, लेकिन वे जो सीखना नहीं चाहते। वे एक पुराने युग को दुहरा रहे हैं। नगई उन्हीं के बीच एक आलोचनात्मक दृष्टि रखता है, वह अपने सामाजिक अनुभवों की पाठशाला में समय को पढ़ता है और उसके आंतरिक एवं बाह्य दबावों को महसूस करता है। एक तरह से कहें, तो नगई पारम्परिक समाज के समानांतर आधुनिक मनुष्य की चेतना को प्रतिबिंबित करता है।

वस्तुतः त्रिलोचन दो भिन्न जीवन दृष्टि को एक ही समय में दो भिन्न सामाजिक आशय के साथ प्रस्तुत करते हैं। नगई के लिए काम ही जीवन का दर्शन है। एक तरह से उसकी क्रियाशीलता उसे वर्तमान के आधुनिक बोध से जोड़ती है। दूसरी तरफ़ पारम्परिक समाज का एक हिस्सा है–'जो करते कम और बोलते बहुत रहते हैं/आवाज़ ऊँची से ऊँची हो आती है,' जो वर्चस्व के अपने बोध को जन्म-सिद्ध मानता है और उसी के अनुसार ख़ुद को और समाज को ढलता है। इस समूची कविता में नगई का प्रतिरोध कहाँ है? वह छिपा है उसकी क्रियाशीलता में और इसलिए नगई के सामने एक नये युग का दरवाज़ा खुलता है। वह प्रतिरोध दर्ज करता है लेकिन ऐसा करते हुए वह आप ही अपना उदाहरण बनता है। वह एक जटिल मगर रचनात्मक सामाजिक भूमिका को प्रतिरोध के दर्शन में बदलता है।

*"पंचायत को मानो पंचपरमेसर है,*
*नगई हाथ जोड़े अब खड़ा हुआ,*
*बोला, जाति की गंगा ने मुझे पावन कर दिया,*
*धन्य हुआ,*
*और फिर भोज हुआ,*
*नाच और नाटक हुए,"*

त्रिलोचन जैसे कवि इस बात से पूरी तरफ़ वाकिफ़ हैं कि समाज की गति किताबों में मौजूद समाजशास्त्र से मेल नहीं खाती। नगई परम्परा के भीतर रहकर परम्परा की आलोचना करता है, क्योंकि वह उस समाज से बाहर नहीं है। वह क्रिया के संदर्भ में जाति को तोड़ता है, अपने भाई की सास को अपने घर बिठाता है। जाति से बहिष्कृत भी किया जाता है और गाँव से बाहर किये जाने पर एक बार फिर अपनी नई दुनिया आबाद करता है। लेकिन इस सबके बावजूद वह समाज का हिस्सा बना रहना चाहता है, क्योंकि समाज से बाहर होकर न तो वह सामाजिक ही रह पायेगा और न ही मनुष्य। वह समाज को नहीं नकारता, वह जाति की पुरानी लीक को तोड़ता है।

# अँधेरे में : क्रांतिकारी विच्छेद की कविता

पंकज चतुर्वेदी

अज्ञेय की 'असाध्य वीणा' 1961 में लिखी गई और प्रकाशित हुई, जबकि मुक्तिबोध की लम्बी कविता 'अँधेरे में' का लिखा जाना 1957 में शुरू हुआ, 1962 में वह पूरी हुई और आख़िरकार नवम्बर, 1964 में 'कल्पना' में प्रकाशित हुई। इस तरह दोनों कविताओं का समय लगभग एक ही है। मगर अज्ञेय ने जिस तरह एक तथाकथित दार्शनिक प्रश्न से मुख़ातिब होते हुए जो एक सर्वथा यांत्रिक क़िस्म का समारोह खड़ा किया है, वह 'अँधेरे में' के मिज़ाज के एकदम ख़िलाफ़ है। 'असाध्य वीणा' के लहज़े में बहुत शांति और निरुद्विग्नता है और ऐसा भी नहीं है कि इसकी अंदरूनी तहों में कोई हलचल छुपी हो या किसी हाहाकार को आत्मसात करने के अनंतर यह शांति पैदा हुई हो। अंतर्वस्तु यह है कि जिस वीणा को कोई कलाकार नहीं साध सका, उसे केश कंबली प्रियंवद ने साधा; क्योंकि जिस महान किरीट तरु को काटकर उसे गढ़ा गया था, उसमें समूची चराचर सृष्टि तथा प्रकृति का संगीत अमाहित था और उससे एकात्म हो सकने की बदौलत प्रियंवद को उसमें सफलता मिली। आशय यह है कि व्यष्टि-सत्य को समष्टि-जीवन में पहचान लेना ही कला-कर्म के उत्कर्ष का क्षण है। इसलिए कविता की निष्पत्ति कुछ भी है–

*"रानी ने अलग सुना,*
*छँटती बदली में एक कौंध कह गई,*
*तुम्हारे मे मणि-माणिक, कंठहार, पट-वस्त्र,*
*मेखला-किंकिणी,*
*सब अंधकार के कण हैं ये!*
*आलोक एक है प्यार अनन्य!"*

यह कोई नया आलोक नहीं है और जिस दार्शनिकता की राह चलकर यहाँ तक पहुँचा गया है, वह प्राचीन काल से या परम्परागत ढंग से हम तक चली जा रही थी। असाध्य वीणा की बाबत यह सब इसलिए यहाँ कहा गया कि आश्चर्य है कि कुछ आलोचक लम्बी कविता के नाम पर 'अँधेरे में' के साथ न सिर्फ़ उसका ज़िक्र करते हैं, बल्कि एक ही साँस में दोनों की सराहना करते हैं। असाध्य वीणा इसका उदाहरण है, कि किस तरह अपने वक़्त के संकटों और उनकी भयावहता से बेख़बर या कहें कि शास्त्रीय किलेबंदी के सहारे उनसे महफ़ूज़ रहकर कविता लिखी जा सकती है; जबकि 'अँधेरे में' अपने समय के बरअक्स कवि की वेध्यता का–उसका ही विशेषण लेकर कहें तो–रक्ताल रचनात्मक दस्तावेज़ है–एक बहुत ही उत्पीड़ित और आंदोलित मानस की अभिव्यक्ति–'भयानक आकार घेरते है मुझको/मैं आततायी सत्ता के सम्मुख।' यह नहीं कि निरी वेध्यता मुक्तिबोध को बड़ा बनाती है, बल्कि यही उन्हें वह सामर्थ्य और साहस देती है, जिनकी बिना पर वे न सिर्फ़ प्रदत्त मानदण्डों को तोड़ते हैं, बल्कि नये मानदण्डों को आविष्कृत और स्थापित करते हैं।

मुक्तिबोध के यहाँ पुराकाल और समकाल में कोई विभाजन नहीं है। वह दरअसल एक ही काल है, जिससे कवि की मुठभेड़ है। उसमें इतिहास, संस्कृतियाँ, मिथक, हमारी तमाम दार्शनिक और परम्पराएँ अब समायी हुई हैं। इनमें उन्होंने एक 'रेडिकल रप्चर' यानि क्रांतिकारी विच्छेद घटित किया है। 'रप्चर' की इस प्रक्रिया पर कुछ बातें यहाँ प्रस्तुत हैं। आधुनिक हिंदी कविता में शायद सबसे पहले मैथिलीशरण गुप्त ने 1931 में 'साकेत' में 'राम' के मनुष्य रहे होने की संभावना ज़ाहिर की थी–

***"राम, तुम मानव हो,***
***ईश्वर नहीं हो क्या?"***

अगर राम ईश्वर नहीं थे, तो अपनी पूज्य-बुद्धि से मैथिलीशरण ने यह सीमित साहस दर्ज किया था–'तब मैं निरीश्वर हूँ, ईश्वर क्षमा करे!' बाद में निराला ने राम की इस मनुष्य छवि को 'राम की शक्ति-पूजा' में और

निखारा है, लेकिन उनकी ईश्वर छवि को खंडित किया है, यह भी हम नहीं कह सकते। 'अँधेरे में' कविता में काव्य-नायक को अपना जो प्रतिरूप दिखता है, गौरतलब है कि मुक्तिबोध उसके लिए 'आजानुभुज' संज्ञा का इस्तेमाल करते हैं–

*"भव्य आजानुभुज देखते ही साक्षात्,*
*गहन एक संदेह,*
*वह रहस्यमय व्यक्ति,*
*अब तक न पाई गई मेरी अभिव्यक्ति है,*
*पूर्ण अवस्था वह,*
*निज-संभावनाओं, निहित प्रभाओं, प्रतिभाओं की,*
*मेरे परिपूर्ण का आविर्भाव,*
*हृदय में रिस रहे ज्ञान का तनाव वह,*
*आत्मा की प्रतिमा।"*

लेकिन नयी बात यह है कि यह 'रक्तालोक स्नात पुरुष' फटेहाल है। इस तरह मुक्तिबोध ने परम्परा में चले आते हुए पूरे समीकरण को उलट दिया। उन्होंने आजानुभुज के मनुष्य रहे होने की संभावना ज़ाहिर नहीं की, बल्कि उसे 'मनुष्य की ही परिपूर्ण अवस्था' माना–'व्यक्तित्व अपना ही, अपने से खोया हुआ, वही उसे अकस्मात् मिलता था रात में।' मगर मनुष्य की सच्ची और समग्र आत्मवत्ता या उसकी मुक्ति के लिए 'परिपूर्णता' के घटकों का बदला जाना भी अनिवार्य था और मुक्तिबोध ने 'आनंदी' की बजाए 'वेदना' को आदर्श स्थिति बताकर साबित किया कि जिस परिवर्तन की बात उन्होंने की है, वह महज़ एक आवरण या भंगिमा नहीं है, बल्कि आलगत ऊँचाई है–

*"आत्मा में भीषण*
*सत्-चित-वेदना जल उठी, देह की।"*

आनंद की अवधारणा में जो शुद्धता का भाव निहित है, शायद उसके मद्देनज़र मुक्तिबोध उसे समकालीन संवेदना नहीं मान पाते। यह नहीं कि वे चाहकर वेदना

खो जाते हैं, बल्कि चाहत से आगे बढ़कर इसको जानते हैं कि मूल्यों के लिए संघर्ष की राह में वेदना का मिलना, साथ रहना अनिवार्य है। आनंद की खोज 'कामायनी' में जयशंकर प्रसाद करते हैं, पर मुक्तिबोध को अँधेरे के बरअक्स रौशनी की तलाश है, जिसके लिए आस्था, विचारशीलता और वेदना की संहति बुनियादी शर्त के समान है–

*"फ़िज़ूल है इस वक्त कोसना ख़ुद को,*
*एकदम ज़रूरी-दोस्तों को खोजूँ,*
*पाऊँ मैं नए-नए सहचर,*
*सकर्मक सत्-चित्-वेदना-भास्वर।"*

मुक्तिबोध ने क्रांतिकारी विच्छेद सिर्फ़ संस्कृति, दर्शन और मिथकों के क्षेत्र में घटित नहीं किया है, बल्कि उनके साथ-साथ काव्य और भाषा की परम्पराओं में भी संभव किया है। कबीर के यहाँ 'अनहद नाद' से जुड़ी आत्म-विभोरता की स्थितियाँ मिलती हैं, जबकि मुक्तिबोध के लिए–

*"धूल के कण में,*
*अनहद नाद का कंपन,*
*ख़तरनाक' है।"*

खाल का उधेड़ा या उधेला जाना आपने सुना होगा, पर उखड़ना नहीं–

*"पकड़कर कॉलर गला दबाया गया,*
*चाँटे से कनपटी टूटी कि यह क्या,*
*त्वचा उखड़ गई गाल की पूरी,*
*कान में भर गई,*
*भयानक अनहद-नाद की भन-भन।"*

प्रसाद ने 'आँसू' में प्रिया से विछोह के प्रसंग में एक अजब क़िस्म की जीवन-समस्या की असमाधेयता, उससे लगे-लिपटे वैराग्य या उजाड़ की बात करते हुए एक अनूठे बिंब को प्रत्यक्ष किया है–

*"जीवन की जटिल समस्या,*
*है बढ़ी जटा-सी कैसे।*
*उड़ती है धूल हृदय में,*
*किसकी विभूति है ऐसी।"*

लेकिन मुक्तिबोध 'हृदय में भगदड़' का अभूतपूर्व बिंब लाते हैं–

*"धँस रहे, गिर रहे बड़े-बड़े टॉवर,*
*घुँघराला धुआँ गेरुई ज्वाला,*
*हृदय में भगदड़..."*

'कामायनी' में मानवीय सौंदर्य का स्तवन करते हुए प्रसाद ने 'बिजली के फूल' की आकर्षक कल्पना की भी। मगर मुक्तिबोध के हाथ 'बिजली की नंगी लताओं से झर रहे/अग्नि के फूलों' को समेटते हैं। वे कहते हैं कि उनके भी चमकीले पत्थर 'फूल हैं तेजस्क्रिय, पर/अतिशय शीतल।'— 'बिजली के फूलों की भाँति ही/यत्न हैं वे भी/किंतु, असंतोष मुझको है गहरा/शब्दाभिव्यक्ति अभाव का संकेत/काव्य-चमत्कार उतना ही रंगीन/ परंतु, ठंडा।' गौरतलब है कि प्रसाद के यहाँ सौंदर्य का वर्ण गौर है, जबकि मुक्तिबोध के यहाँ काला–

*"मेरे पास न रंग है बिजली का गौर कि,*
*भीमाकार हूँ, मेघ मैं काला,*
*परंतु, मुझमें है गंभीर आवेश,*
*अथाह प्रेरणा-स्रोत का संगम!*
*अरे, इन रंगीन पत्थर-फूलों से मेरा,*
*काम नहीं चलेगा!*
*क्या कहूँ?*
*मस्तक-कुंड में जलती,*
*सत्-चित्-वेदना–सचाई व ग़लती*
*मस्तक-शिराओं में तनाव दिन-रात।"*

मुक्तिबोध ने ‘एक साहित्यिक की डायरी’ में ‘नयी कविता’ की उस अभिरुचि का प्रतिवाद बराबर किया है, जो ‘आवेशमूलक यथार्थ-संवेदना’ की अभिव्यक्ति का निरादर करती है। इस अभिरुचि को धारण करते हैं ‘खाते-पीते वर्ग के सुशिक्षित लोग।’ वे नहीं चाहते कि ‘उग्रतामूलक आलोचनात्मक कर्म-प्रधान भावना रेस्पेक्टेबल’ बने। ‘अँधेरे में’ कैसी भावना की कविता है और इसे प्रतिष्ठित करने का संघर्ष मुक्तिबोध ने आलोचना और रचना, दोनों स्तरों पर किया। उन्होंने इस सवाल का–‘कि आज के कवि की कविता में आग क्यों नहीं झलकती?’ जवाब देते हुए लिखा, क्योंकि ‘बड़े-बड़े आदर्शवादी आज रावण के यहाँ पानी भरते हैं और हाँ में हाँ मिलाते हैं।’ बड़े प्रगतिशील महानुभाव भी इसी मर्ज़ में गिरफ्तार हैं, जबकि ‘रावण के राज्य का यह मूल नियम यह है कि जो अपना अनुभूत वास्तव है, उस पर परदा डालो!’ आज ‘अँधेरे में’ को पढ़ते हुए इस विडम्बना को ध्यान रखने की ज़रूरत है कि ये कथित प्रगतिशील लोग एक और ‘रावण’ के दरबार में हाज़िरी लगाते हैं, दूसरी ओर मुक्तिबोध के यहाँ अपनाये गये फैंटेसी के शिल्प से विस्मित और आतंकित होकर इस सच पर भरसक परदा डालते रहते हैं कि उन्होंने प्रथमतः और अंततः अनुभूत यथार्थ की कविता की है। अपना सब कुछ दाँव पर लगाकर उसे व्यक्त करने का जोख़िम उठाया है। उनका फैंटेसी का शिल्प सम्मोहक है और इस मानी में धोखादेह है कि बहुतों को लगता है कि वह ज़िंदगी से पृथक या उसके समानांतर कोई शै हैं। वे भूल जाते हैं कि उसके भीतर प्रकाशित है मुक्तिबोध के ‘जीवन का रक्ताल मानवीय यथार्थ’ जैसा कि ख़ुद उन्होंने कला के तीसरे क्षण की व्याख्या करते हुए, इसरार किया था–‘तीसरा और अंतिम क्षण है, इस फैंटेसी के शब्दबद्ध होने की प्रक्रिया न आरंभ और उस प्रक्रिया की परिपूर्णावस्था तक की गतिमानता। शब्दबद्ध होने की प्रक्रिया के भीतर जो प्रवाह बहता रहता है, वह समस्त व्यक्तित्व और जीवन का प्रवाह होता है।’

# दिलों में कड़कती बिजली का क्या हुआ?
## *(सन्दर्भ: कुआनो नदी—सर्वेश्वर दयाल सक्सेना)*


## प्रमोद कुमार तिवारी


कुआनो नदी पढ़ते समय मन में पहला सवाल यह उठता है कि यह 'किस' समय और 'किसके' समय की कविता है? निश्चित रूप से इसका रचनाकाल 1969 से 1963 है, परंतु क्या समय केवल घड़ी या कैलेंडर के हिसाब से चलता है। क्या यह सच नहीं है कि एक ही विश्व या एक ही भारत में एक साथ कई समयों में लोग रह रहे हैं? क्या यह तथ्य नहीं है कि राजधानी दिल्ली का एक इलाका जहाँ 21वीं सदी से आगे जाने को आतुर है वहीं इसी शहर के दूसरे इलाके 18वीं सदी की सुविधाएँ पाने के लिए जी तोड़ संघर्ष कर रहे हैं। लगभग 45 साल पुरानी रचना होने के बावजूद 'कुआनो नदी' को पढ़ते समय उस पुराने समय की बजाय आज के संदर्भों का मस्तिष्क में गूँजना इस रचना पर बार-बार विचार करने के लिए करता है। शायद किसी रचना की श्रेष्ठता का एक पैमाना यह भी है कि वह अपने समय से कितना परे जाती है।

'कुआनो नदी' ही नहीं, सर्वेश्वरजी की ज़्यादातर कविताओं को पढ़ते हुए ऐसा लगता है कि वे मूलतः रूमानी भावबोध के भावुक कवि हैं। (यह जानते हुए भी कि रूमानियत और भावुकता को अकसर नकारात्मक अर्थ में लेने की मूल की जाती है, मैं ये ख़तरा मोल ले रहा हूँ।) बल्कि निरीहता की हद तक भावुक और आक्रामकता की हद तक उत्तेजित हो जाने वाले सर्वेश्वर को ग्रामीण

मानस का सरल हृदयी कवि कहा जा सकता है और इसे उनकी बड़ी ताकत के रूप में देखा जा सकता है। बिना लाग-लपेट के अपनी भावनाओं को सीधे (कई बार कच्चे रूप में भी) व्यक्त कर देने की आदत का संबंध इस ग्रामीण अक्खड़ता से जुड़ता है। ग्रामीण मानसिकता और मध्यवर्गीय जीवन बोध के साथ 'यहीं कहीं एक कच्ची सड़क थीं' की अनुगूँज सर्वेश्वर दयाल सक्सेना के पूरे कविकर्म में सुनायी पड़ती है। यह अनायास नहीं है कि कवि ने प्रकृति, प्रेम और संबंधियों पर ढेर सारी कविताएँ लिखी हैं। अकेले 'बसंत' शीर्षक से ग्यारह कविताएँ हैं। इनकी रचनाओं में जंगल, चिड़िया, चाँद, तितली, पेड़ आदि कविता में भावनात्मक प्रतीक बार-बार आते हैं। 'क्या कहकर पुकारूँ', 'कोई मेरे साथ चले', 'धूप की लपेट' आदि संग्रह इनकी प्रेम कविताओं से भरे पड़े हैं। 'कुआनो नदी' में सर्वेश्वर की इस कवि-प्रकृति के साधन विस्तार को स्पष्ट महसूसा जा सकता है।

तीन खण्डों में विभाजित कुआनो नदी के बारे में सर्वेश्वर दयाल सक्सेना ने स्वयं कहा है कि 'पहली कविता 'कुआनो नदी' में देश की ग़रीबी का चित्रण है। दूसरे खण्ड 'कुआनो नदी के पार' में देश में चारों ओर फैली हिंसा का और तीसरे खण्ड 'कुआनो नदी-ख़तरे के निशान पर' में उस उद्वेलन का चित्रण है जो सामाजिक परिवर्तन के लिए हिंसा का जवाब हिंसा से ही देने के लिए आकुल है।'

कुआनो नदी तीन वर्षों में लिखी गई। तीन वर्ष तक तमाम तरह के कार्य करते हुए एक ख़ास मनःस्थिति को पकड़े रहना, एक कविता पर टिके रहना और तीनों खण्डों के भीतर के अंतःसूत्र में कोई गाँठ न आने देना मेरी नज़र में सर्वेश्वर की बड़ी सफलता है। 'कुआनो नदी' से बार-बार गुज़रते हुए यह लगता है कि बिंबों, प्रतीकों का बदलना, सौंदर्यबोध के उपादानों का बदलना, वास्तव में विचार और दृष्टि का बदलना है। किसी हद तक समय का बदलना है। केवल भौतिक समय नहीं, रचनाकार के बोध का आंतरिक समय भी। इसे सर्वेश्वर द्वारा चुने गए 'कुआनो नदी' के केंद्रीय प्रतीक से समझा जा सकता है। हमारे मानस में नदी की एक ख़ास छवि बैठी हुई है। नदी सुंदर होती है, जीवनदायिनी

होती हैं, नदी से संस्कृति बनती है, नदी सबसे जीवंत देवी होती है आदि-आदि, परंतु 'कुआनो नदी' इस छवि को तोड़ती है, और नदी का नया बिंब, नया रूप रचती है। 'कुआनो नदी' शांत, स्निग्ध, ज्योत्स्ना, उज्ज्वल, अपलक, अनंत, नीरव भूतल की सैकत शैया वाली नदी नहीं है। 'कुआनो नदी' को पार करना मज़ा नहीं सज़ा है। नदी से जुड़ी तमाम चीज़ें, उसका किनारा, पानी, मल्लाह तक दुःखी करते हैं। ज़ाहिर है, यहाँ नदी को देखना सिर्फ़ नदी को नहीं बल्कि उसके आस-पास के पूरे सामाजिक परिवेश को देखना है और ख़ास तरह की पक्षधरता के साथ देखना है। नदी का रूपक लेकर समाज की जड़ता को इस प्रकार प्रदर्शित करना और उसे शहर से इस प्रकार जोड़ जाना दुर्लभ है। नदी से निर्मित होने वाले रूमानी भावबोध को कवि तार-तार कर देता है। कीचड़, दल-दल, बदबू, सड़न, जड़ता, गंदगी प्रवाह की कमी, बढ़े नाख़ून, बर्बरता। जहाँ कोई मेला नहीं लगता, जहाँ लोग पूर्णिमा स्नान नहीं करते। ऐसी नदी जिसे कोई पियरी नहीं चढ़ाता। इसके साथ ही मुर्दे का जलना, गीली लकड़ियों का परेशान करना, अँधेरा, इंतज़ार, अंधापन मद्धिम ढिबरियाँ आदि मिलकर एक ऐसा वातावरण रचते हैं, जिसमें तब से कहीं ज़्यादा आज के निर्मम यथार्थ की स्पष्ट अनुगूँज सुनाई पड़ती है।

कुआनो नदी को वे अपने छोटे भाई श्रद्धेश्वर को समर्पित करते हैं जो आज भी इस नदी को झेल रहा है। क्या नदी को भी झेला जा सकता है? एक छोटी-सी नदी जो अपनी उर्वरता के लिए नहीं, जड़ता के लिए जानी जाती है। नदी जिसमें कीचड़ और बदबू है। कुआनो अपना पाट नहीं बदलती, कगार नहीं काटती, पाट न बदलने का यह टेक जड़ता को और घनीभूत कर देता है। पाट का न बदलना, बदलाव का न होना है। जीवन का यह ठहराव जिससे समाज जूझ रहा है, चाहते हुए कुछ न कर पाने की विवशता नदी के माध्यम से बहुअर्थी रूप में व्यक्त हुई है। कई बार ऐसा लगता है कि इस जड़ता को व्यक्त करने के लिए नदी से बेहतर प्रतीक हो ही नहीं सकता था। यह कवि की ताकत है। एकदम नए प्रतीक का इतना लम्बा निर्वाह मुश्किल काम है, कविता का बनना इसी निर्वाह से शुरू होता है, मिथक आदि को ये काम करना

(जैसे अंधायुग में) तुलनात्मक रूप से आसान है, परंतु बिलकुल नए प्रतीक को लेकर इतनी दूर तक जाना कवि की समाहार शक्ति और विषय पर उसकी एकाग्रता का प्रमाण है। (कविता के क्षेत्र में काम करने वाले नए रचनाकारों के लिए यह सीख अथवा चुनौती भी है।) इस कविता को विस्तार वहाँ मिलता है, जहाँ सवेश्वर दयाल सक्सेना नदी को दिल्ली की सड़कों से जोड़ देते हैं। नदी के बहाने कवि, समय और समाज का प्रतिबिंब रचता है, नदी और सड़कें एक गवाह की तरह हैं (दिल्ली की सड़कें दीखती हैं, जैसे कुआनो नदी) जिस ग़रीब जिला बस्ती का संदर्भ कविता में आया है। उसके लिए सालों पहले एक लेखक ने कहा था–'ये बस्ती है तो उजड़ती क्या है?' सर्वेश्वर इस बस्ती का विस्तार दिल्ली और देश तक देखते हैं तथा 'मौन रहो और प्रतीक्षा करो' अंतहीन हद की तलाश करते हैं। स्पष्ट है कि 'मौन और प्रतीक्षा' की इस अंतहीन हद से एक छोटा-सा वर्ग बाहर है, जिसके लिए सब कुछ उपलब्ध है। नदी बनाम दिल्ली बनाम मुर्दाघाट का सवाल सरल नहीं है। क्या दिल्ली भी मुर्दाघाट है? क्या सत्ता के केंद्र मुर्दाघाट होते हैं? क्या मृत्यु केवल शरीर की होती है? क्या सत्ता के चक्र में विचारों, आदर्शों, सिद्धांतों, संवेदनाओं की मृत्यु को मृत्यु की तरह दर्ज़ करना कोरी भावुकता है? इन सारी स्थितियों का जवाब ढूँढ़ने के क्रम में कवि ढेर सारे सवाल करता है–इन रगों में ख़ून दौड़ता क्यों नहीं? ऐसे तमाम सवाल जिनका कोई जवाब न तो 1970 में मिला था और न ही 2015 में मिल रहा है। काई का यह मोटापन कहाँ से आया? वह कौन-सा तंत्र है, जिसने नदी को नहर की तरह दृढ़ और नियंत्रित कर दिया। इस नहर से पानी कहाँ और कितना पहुँचेगा। इसे तय करने वाली सत्ता की चालाकियाँ अब समझ में आने लगीं हैं और उसे लेकर सवाल भी उठते हैं परंतु जवाब नहीं आता और बार-बार पूछने के बाद भी कोई जवाब नहीं मिलने पर अंततः आख़िरी सवाल उठता है–'कहाँ हो, ओ क्रांति के सूत्रधार!' कोई चाहे तो इन सवालों को धूमिल के सवालों से जोड़ सकता है–'वह क्या है जिसने तुम्हें बर्बरों के सामने अदब से रहना सिखालाया।' अकसर धूमिल को पढ़ते समय सर्वेश्वर और सर्वेश्वर को पढ़ते समय धूमिल याद आने लगते हैं। शायद इन दोनों रचनाकारों की बेचैनी, देशीपन और कहन की

साफ़गोई एक स्तर पर मिलती है। सर्वेश्वर ने तीसरे सप्तक के वक्तव्य में इसे स्वीकार भी किया है–'मैं विषय-वस्तु को रूपविधान से अधिक महत्त्व देता हूँ' या 'साधारण बोलचाल की भाषा में जो कविताएँ नहीं लिखी जा सकतीं, उन्हें मैं अभी नहीं लिख रहा हूँ।' मुझे नहीं लगता कि बाद की रचनाओं में भी सर्वेश्वर की इस प्रवृति में कोई बड़ा अंतर आया।

असल में कुआनो नदी गहरे संप्रक्ति बोध की कविता है। अपने समय और समाज से संप्रक्तता पर सर्वेश्वर अपने साक्षात्कार में कहते हैं कि–'मैं आधुनिक से अधिक समसामयिक होना चाहता हूँ। कविता में अपने गाँव, शहर, समाज से होता हुआ दुनिया की ओर बढ़ता हूँ।' 'कुआनो नदी' में स्थानीय समाज के लगभग ख़ामोश पर, महत्त्वपूर्ण चित्र भरे पड़े हैं। मसलन, 'भर' जो चोरी करते हैं और एक दूसरे को दुश्मन मान अपना ही घर जलाते हैं, जिनकी स्त्रियाँ रात-दिन झगड़ती और गालियाँ देती हैं। इस पूरे प्रसंग को कवि एक शब्द से आलोकित करता है–'मजूरी का पूरा न पड़ना।' मजूरी का पूरा न पड़ना और भूखे रहना कुछ भी कर गुज़रने के लिए ताकत देता है। इस घनघोर विकल्पहीनता ने उन्हें ऐसा बनाया है। नाख़ून दिन पर दिन बढ़ते जा रहे हैं, एक बड़े वर्ग का नाख़ून बढ़ाना ज़रूरत नहीं मज़बूरी है। इस नाख़ून बढ़ने का संबंध 'मौन रहो और प्रतीक्षा करो' के आदेश से भी है।

'कुआनो नदी' के तीन खंडों को विकल्पहीनता से उपजी कवि की बेचैनी के तीन चरणों के रूप में देखा जा सकता है। एक ऐसी बेचैनी जिसके आगे कोई राह नहीं दिखती। राह का न दिखना, प्रकाश का न मिलना गहरी हताशा से भर देता है, जो अपने चरम में मृत्यु तक पहुँचता है। मृत्यु बस 'मृत्यु' है, वह ख़ुद की हो या किसी और की, परंतु उसका स्थान जीवन के सारे संघर्षो के चरम तक पहुँच जाने के बाद ही आता है। अनायास नहीं है कि इस कविता में मृत्यु के ढेर सारे प्रसंग आते हैं–सड़क किनारे व्यक्ति का ठंड से मर जाना, खेतिहर मज़दूर का भूख से मर जाना, धर्मगुरु की कोठरी में मर जाना, छत की कड़ी से झूल जाना, स्कूल के फाटक पर बच्चे का पुलिस की गोली से मर जाना...इनमें से कोई भी स्वाभाविक मौत नहीं है, तब सवाल उठता है, कि हत्या और आत्महत्या बस यही

दो विकल्प रह गए हैं। नक्सलवाद और आत्म-हत्यावाद में कोई रिश्ता है क्या? क्या आत्महत्या का भी वाद हो सकता है? हालाँकि कवि ख़ुद को यह दिलाशा देता है कि–'मैं यह मानना नहीं चाहता कि नदी के पार कुछ नहीं है। सिवा लाशों के।' पर उसे मिला क्या है? हर बार आम आदमी को छला गया है, उसके सामूहिक गुस्से का व्यक्तिगत हित में इस्तेमाल करने की एक अंतहीन शृंखला है।

*"हर बार अंगीठियों से तमतमाए चेहरों पर,*
*रोटियाँ ही सेंकी गई हैं?"*

हद तो यह है कि आख़िरी उम्मीद यानि जड़ सड़ने लग गए हैं। पत्ते, डाली, तने आदि के कमज़ोर होने की बात होती तो, एक आस बचती, पर यहाँ तो सबको ऊर्जा और रस देने वाली जड़ पर ख़तरा है। पेड़ हों या आदमी सब दूसरों की डालियों से अपनी डालियाँ उलझाकर खड़े रहने की कोशिश में हैं। देवमूर्तियाँ चारों खाने चित्त पड़ी है और तब कवि को लगता है कि उसके पास कुछ भी बहुमूल्य नहीं है, उसकी जान तक नहीं। इसके बाद हताश स्थितियों और बेसुमार मुर्दों के बीच कवि 'क्रांति के सूत्रधार' की खोज करता है। सर्वेश्वर बीच का रास्ता नहीं लेते, वे स्पष्ट पक्षधरता दिखाते हैं। संग्रह के समर्पण में यह लिखना कि–

*"कुआनो नदी,*
*संकरी नीली शांत,*
*जाने कब होगी अक्षितिज, लाल, उद्दाम,*
*बहुत ग़रीब है यह धरती,*
*जहाँ यह बहती है?"*

इसी पक्षधरता का सूचक है। यह कवि की पक्षधरता ही है कि वह 'कुआनो नदी' को उसके हाल पर नहीं छोड़ता; तीसरे खण्ड में उसकी जड़ता को तोड़ता है। जब पाट न बदलने वाली और हमेशा एक ही तरह से बहने वाली नदी न केवल गतिमान होती है, बल्कि सब कुछ बहा ले जाने को तत्पर हो जाती है। यह गति धीरे-धीरे और लगातार इंतज़ार कर ऊब चुके जनमानस की गति है, जो परिवर्तन चाहता है। सड़ांध और कीचड़ को बहा ले जाने के लिए कगारों

को तोड़ देने वाली, उथल-पुथल मचा देने वाली तीव्र गति ही चाहिए। इस गति और परिवर्तन की कामना का चरम गोली तक पहुँचता है। पहले खण्ड के सवाल (कुआनो नदी कब होगी अक्षितिज, लाल, उद्‌दाम) का जवाब तीसरे खण्ड में कवि देता है–

***"आँखों के आगे अक्षितिज,***
***फैला है जूझता मटियाला प्रवाह,***
***पानी चढ़ रहा है,***
***ख़ून खौल रहा है,***
***बहुत करीब आ गया है,***
***ख़तरे का निशान।"***

बहुत सारे कवियों की तरह सर्वेश्वर ने निराश स्थितियों का चित्रण किया है, पर कविता हार नहीं मानती, कवि उम्मीद नहीं छोड़ता। अँधेरा केवल नकारात्मक नहीं होता। कवि को यक़ीन है कि–

***"हर अँधेरा ख़ुद,***
***रोशनी को जन्म देता है,***
***अँधेरे में निकल पड़ो,***
***तो अँधेरा-अँधेरा नहीं रह जाता।"***

बाहरी रोशनी बहुत दूर तक साथ नहीं देती, यह एक कटु सच्चाई है। रोशनी के नाम पर भी अनेक बार ठगा गया है, इसलिए कवि संकेत देता है–

***"तुम्हारे पास रोशनी तो होगी,***
***मैं पूछता हूँ,***
***कड़कती बिजली है,***
***दिलों में बस।"***

दिलों में कड़कती बिजली का एक छोर जहाँ 'आत्मदीपो भव' के आत्मिक प्रकाश से जुड़ता है, वहीं दूसरा छोर बड़ा बदलाव करने की ताकत रखने वाली

ऊर्जा को छूता है। हालाँकि दिलों में कड़कती बिजली पैदा करना उतना आसान काम नहीं है। ख़ास तौर से आज के समय में जब कड़कती बिजली वाले दिन को लोहे के मोटे चादर से घेरने वाली अनंत सुविधाएँ और उन्हें संचालित करने वाली पूँजीवादी दिमाग का वर्चस्व अपने चरम पर हो। असल में कड़कती बिजली केवल ध्वंस और विद्रोह की परिचायक नहीं है, वह हसरत-ए-तामीर भी है और तमाम टकराहटों की जड़ में यह हसरते तामीर ही है। आप कैसा समाज बताना चाहते हैं? कुआनो जैसा गंदगी, कीचड़ और लाशों से भरा हुआ या गंगोत्री जैसा निर्मल, उज्ज्वल, प्रवाहमय, अपनी शर्तों पर जीनेवाला। इसीलिए ये सवाल ज़्यादा मौज़ूद है कि उस 'कड़कती बिजली' का क्या हुआ? सुविधा की ठंडी हवाओं ने उसे बुझा दिया, 'बीच का रास्ता' लेने वाले समझौतावादी मस्तिष्क ने उसे कमज़ोर कर दिया था, कि आत्मचेतना से ऊर्जा पाकर वह बिजली लगातार बड़ी हो रही है, उसकी दहक बढ़ रही है। हालाँकि उस बिजली को बचाना इतना आसान नहीं है। सर्वेश्वर तब भी इन परिस्थितियों से अनजान नहीं थे, वे मध्यवर्गीय दुविधाओं को अच्छी तरह जानते थे। इसलिए कविता में बदतर हालात में भी कुछ बचा लेने की जद्दोजहद चलती रहती है। कवि समझता है कि अंत समय तक कुछ बचा ले जाने, सुरक्षित कर लेने की पारम्परिक मनोवृत्ति से मुक्ति पाना सरल नहीं है। इसीलिए वह स्पष्ट कर देता है कि अँधेरे को दूर करने के लिए ख़तरा उठाकर भी फ़ैसला लेना पड़ता है। क्योंकि–

***"फ़ैसले पर न पहुँचा हुआ आदमी,***
***फ़ैसले पर पहुँचे हुए आदमी से,***
***ज़्यादा ख़तरनाक होता है?"***

फ़ैसला लेने की यह चुनौती पिछले चालीस वर्षों में लगातार बढ़ती गई है, परिस्थितियाँ और जटिल हुई हैं और 'कुआनो नदी' का न केवल भारी विस्तार हुआ है बल्कि उसकी स्थिति और भी बदतर हुई है। और ये सारी स्थितियाँ हमारी आँखों में आँखें डालकर एक ही सवाल पूछ रही हैं, हमने क्या फ़ैसला लिया है?

# मुक्ति प्रसंग: एबसर्डिटी का दर्शन-विधान

## अनिल त्रिपाठी

'मुक्ति प्रसंग' राजकमल चौधरी की बेहद चर्चित कविता है, जिसे उन्होंने मृत्यु के सिरहाने लिखा। 15 अगस्त, 1966 को प्रकाशित उस कविता के साल भर के भीतर उनकी मृत्यु हुई। कहते हैं कि भयंकर बीमारी की मनोदशा में राजेन्द्र सर्जिकल वार्ड, पटना अस्पताल में वे जब भर्ती थे, तब इस कविता को लिखा और पूरा किया। 'मुक्ति प्रसंग' का मृत्यु के सिरहाने बैठे कवि की मनोदशा से गहरा संबंध है। अज्ञेय को समर्पित इस कविता के प्रारंभ में अज्ञेय का एक पत्रांश छपा है, जिसमें उन्होंने लिखा है, 'मृत्यु का स्वीकार मैं जानता हूँ, आत्मा की–या यह शब्द न पसंद हो तो कहूँ कि चेतना की–एक गहरी आवश्यकता है और उस स्वीकार से एक तरह की स्वस्थता मिलती है।'...'स्वीकार के बाद मृत्यु को हटाकर एक ओर रख दिया जा सकता है और जिया जा सकता है, यही मैं आपसे कहना चाहता हूँ। यह स्वीकार हराता नहीं, जीने का बल देता है।'

राजकमल चौधरी ने अज्ञेय के इस विचार और सलाह को न केवल स्वीकार किया, बल्कि मुक्ति प्रसंग की पृष्ठभूमि में मौजूद मन: स्थिति को कुछ उस प्रकार व्यक्त किया है–'...वात्स्यायन जी के पत्रों ने मृत्यु को और इसलिये जीवन चक्र को भी स्वीकार करने की इच्छा एवं आवश्यकता मुझे दी है। मृत्यु की सहस्र स्वीकृति से देश की सीमाओं, संगतियों और अनिवार्यताओं से मुक्त हुआ जा सकता है। इस वर्ष फरवरी से जुलाई तक लगभग प्रत्येक शनिवार को ऑपरेशन थियेटर की सफ़ेद टेबल पर संज्ञाहीन होते हुये, मैंने ऐसा अनुभव किया है। मैंने अनुभव किया है, स्वयं को और अपने अहं को मुक्त किया जा सकता है। इस

अनुभव के साथ ही, दो समान धर्मा शब्द जिजीविषा और मुमुक्षा—इस कविता के मूलगत कारण हैं। सती वर्तमान के अग्नि जर्जर शव को अपने कन्धों पर मैं शिव की तरह धारण करता हूँ। मैं इस शव के गर्भ में हूँ और यह शव मेरे कन्धों पर है। उसकी विकृति वीभत्सता और दुर्गन्धियों में मुझे जीवित रहना ही पड़ेगा। जीवित ही नहीं, मुक्त और स्वाधीन भी रहना होगा। यही मनःस्थिति इस कविता का प्रसंग है।'

राजकमल चौधरी का यह पत्रांश इस कविता के मर्म को समझने की हमारी कोशिश को जितना सुगम बनाता है उतना ही वह उलझा देता है। दरअसल 'सती वर्तमान का अग्नि जर्जर शव' देह से लेकर देश-काल तक व्यक्त होता है। मुक्ति उस मनोदशा से जो व्यक्तिगत है या सार्वजनीन-सामाजिक परिस्थितियों से है? यह प्रश्न पूरी कविता में व्याप्त है। 'मेलनकोली' की गंभीर मनोदशा में लिखी, यह कविता बेहद मज़बूत शैल्पिक ढाँचे के बावजूद अपनी आंतरिक संगति में कथ्य की फलश्रुतियों को अनदेखा करती है। इसलिए कविता का कथ्य बावजूद उत्तेजक, आक्रामक कथन भंगिमा के निस्तेज दिखाई पड़ता है। आसन्न प्राण संकत या मृत्यु के एहसास से जिस तरह से कविता प्रारंभ होती है उससे 'मार्बिड' होने के मनोविज्ञान को तो समझा जा सकता है लेकिन वह किसी तार्किक परिणति तक नहीं पहुँच पाती।

मुक्ति प्रसंग कविता में विन्यस्त तत्त्वों पर यदि गौर करें तो हम पाते हैं कि उसकी बुनियाद में जो तत्त्व काम कर रहे हैं उसमें सर्वाधिक मुखर है–'मार्बिडज्म , एबसर्डिटी और निहिलिज्म के तत्त्व।'

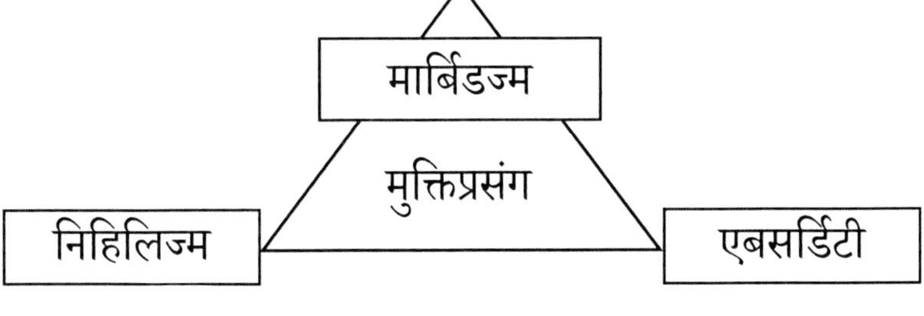

इन तीनों की उपस्थिति के कारण कविता बड़े फलक पर पहुँचते-पहुँचते अपनी फलश्रुतियों में एक वैकल्पिक ढाँचे के निर्माण से हट जाती है। दरअसल व्यक्तित्व की अराजकता अपनी उपस्थिति में जितनी घोर क्रांतिकारी लगती है उतनी ही अपनी परिणतियों में व्यवस्था विहीनता को जन्म देती है। राजकमल संभवत: जिस अकविता या भूखी नंगी पीढ़ी की वैकल्पिक राजनीति की बातें कर रहे थे वह समूची परिणतियों में विकल्प से ज़्यादा भयावह व्यर्थता बोध को ही जन्म देती है। उस कविता में प्रतिरोध के प्यार की अराजकता किसी सुचिंतित परिणामों तक हमें ले नहीं जा पाती।

राजकमल अपनी मानसिक बनावट में किस क़दर 'निहिलिस्ट' और 'सैडिस्ट' थे, उसका प्रमाण उनकी डायरी में इस प्रकार है, जिसे उन्होंने वर्ष 1966 के वैचारिक सार के रूप मे रेखांकित किया है–'थाट फार द ईयर/माई थम्ब एंड माई हेडेक/इज मोर ऑथेंटिक/इम्पोटेंट, सीरियस एंड इंगेजिब/ दैन ऐनी ग्रेट पीस आफ आर्ट।' (मेरा अंगूठा और मेरा सिर दर्द किसी महान कलाकृति से अधिक, प्रामाणिक, महत्त्वपूर्ण, गंभीर और रमणीय है।) अवसाद की मनोदशा में यह 'सैडिस्ट' एप्रोच एक यथास्थितिवाद को जन्म देता है जिससे निकलना असंभव हो जाता है। दुनिया को देखने के नज़रिये में जिस व्यापक बदलाव की स्थिति एक बार बन जाती है उसे चाहते हुये भी तोड़ना मुश्किल हो जाता है। इस कविता में अज्ञेय की सलाह राजकमल को सूझती है लेकिन शायद ही वे इससे बाहर आ पाये। उन्होंने जोर देकर कहा था–'उसकी विकृति, वीभत्सता और दुर्गन्धियों में मुझे जीवित रहना ही पड़ेगा। जीवित ही नहीं, मुक्त और स्वाधीन भी रहना होगा।' लेकिन क्या वे मुक्त और स्वाधीन रह पाते हैं? कविता में एक मित्र उपाध्याय का ज़िक्र आता है, जो कहता है–

*"कुछ नहीं होगा वापस चले आओगे तुम,*
*नदी के किनारे से वापस चले आना,*
*तुम्हारी नियति है दरबार प्रत्यागमन।"*

मृत्यु की चौखट से प्रत्यागमन के बजाय राजकमल बार-बार मृत्यु की चौखट पर प्रत्यागमित होते हैं और वे लिखते हैं–

*"आपरेशन टेबल पर इधर-निद्रा में अथवा संभोग की चरम परिणति में,*
*स्वाभाविक सुविधाप्रद होगा मेरा मरण,*
*जाँघों के ऊपर ऊष्ण-प्रदेश के महारोगों से ग्रस्त भूख,*
*लोकतंत्र, अनिद्रा, राशन कार्ड,*
*रेल दुर्घटनाओं, पशु-मैथुन से उबकर,*
*मैंने यही निर्णय किया।"*

इसी आपरेशन टेबल पर मृत्यु से साक्षात्कार करने वाले क्षणों में राजकमल अपनी अतीन्द्रिय चेतना के माध्यम से अंतहीन यात्रा प्रक्रिया। जो कि कविता की भी रचना प्रक्रिया है, की तरफ़ जाते हैं। 'मेरी छाती और पेट पर झुके हुए कौन हैं इतने सारे लोग/मैं कुछ नहीं जानता हूँ।' ठीक इसके बाद, एक लम्बी फेहरिश्त है जिसके बारे में प्रश्न वाचकता के साथ कुछ नहीं जानने का कथन। (यद्यपि इस स्वीकारोक्ति में जानने का भ्रम है) 'स्त्रियों, नदियों, बीमारियों, भूखों, जन्म, अपराधों, ईश्वर, मृत्यु, दास्तोवस्की, हिरोशिमा, विधान सभाओं के विषय में कुछ नहीं। आदमी क्यों प्यार करता है? (टेक्स्ट पर छपा है), युद्ध क्यों, परिवार नियोजन क्यों, बर्लिन की दीवार क्यों, देश प्रेम क्यों, अफ़ीम की गोलियाँ क्यों, चैपलिन की फिल्में क्यों? आदि लम्बी सूची है–यहाँ तक तुम, वह, मैं क्यों तक।

इस पूरे हिस्से पर गौर करें तो यह लगेगा कि कविता में इस 'क्यों' का साथ कविता को कहाँ ले जाता है? 'मुक्ति प्रसंग' में 'मुक्ति' प्रश्न उठाने में है या उत्तर पाने में। धुआँ, क्रोध, दुर्गंधियाँ, वीभत्सता, पसीना, पेशाब, वीर्यपात, गाँजा, अफ़ीम, सिगरेट, स्तन, जाँघे, मल-त्याग, पैशाची-संभोग, केवल हवा, कीड़े, जख्म, गन्दे पनाले आदि शब्दों या पदों के प्रयोग से जिस वातावरण और परिस्थिति के यथार्थ को वह सामने लाते हैं, वह कुछ ज़्यादा की 'नौशिया' उबकाई पैदा करता है। उस उबकाई में गंभीर प्रश्न भी, जिसे राजकमल इस

कविता में उठा रहे हैं, वह भी महज़ मेटाफरों की सरणियाँ मात्र बन जाता है। 'अब राख ही राख बच गया है पीला मवाद' चरम अवसाद ही पैदा करता है, उससे मुक्ति का मार्ग कम सुझाता है। जब 'स्थान-काल-पात्र' सब तरफ़, चारों ओर भीषण सड़ांध है तब प्रश्न उठता है कि आख़िर कैसे इसके पार जाया जाये। राजकमल जो रास्ता सुझा रहे हैं वह कैसे सभ्य समाज का अभिप्रेत हो सकता है? कविता के शुरू में जिन चीज़ों को 'बड़े से लेटर बॉक्स' में डालकर वे मुक्त होने की कोशिश करते हैं, अंततः वहीं वे बार-बार लौट आते हैं। 'मुक्त हो जाना कविता से पहले और मृत्यु से पहले/मुक्त हो जाना असंभव है।' राजकमल चौधरी उसी कविता में लिखते हैं–

***"अपने शरीर से मुक्ति हो,***
***मुझे अपने शहर,***
***अपनी दुनिया से चले जाने दो।"***

यहाँ 'मुक्ति प्रसंग' के मुक्ति का जहाँ हिस्सा समाप्त हो रहा है उसकी अंतिम पंक्तियाँ हैं–'और मैं तुम्हें मुक्त करता हूँ अपने मरण में अपनी कविता में।' यह क्या संदेश दे रहा है? मैंने आलेख के शुरू में ही 'मार्विडिज्म' की बात की थी।

'प्रसंग एक' से 'प्रसंग आठ' तक 'मुक्ति प्रसंग' का लगभग दूसरा खण्ड है जो पहले से जुड़ता है। इसमें कवि एक जगह लिखता है–

***"रचना में योगिनी-सहयोगिनी,***
***स्थान-काल-पात्र की शारीरिक स्थितियों का अगर शील भंग,***
***करती है मेरी कविता,***
***उसे अब और कुछ नहीं करना चाहिए।"***

संभोग और शील भंग से भी अलग रास्ता है कविता का, लेकिन यही राजकमल का वरेण्य है। तो क्या कहा जा सकता है। भूखी-नंगी पीढ़ी का यह अकविता स्वर समाज के लिए स्वस्थकर नहीं है। कविता के अंत में आता है–

*"आदमी को इस लोकतंत्री संसार से अलग हो जाना चाहिए,*
*चले जाना चाहिए कस्साबों, गाँजाखोर साधुओं,*
*भिख-मंगो, अफ़ीमची, रंडियों की काली और अंधी दुनिया में, मसानों में,*
*अधजली लाशें नोचकर,*
*खाते रहना श्रेयस्कर है, जीवित पड़ोसियों को खा जाने से,*
*हम लोगों को अब शामिल नहीं रहना है,*
*इस धरती से आदमी को हमेशा के लिए ख़त्म कर देने की,*
*साजिश में।"*

वैकल्पिक राजनीति का स्वर सुझाने वाले इस पीढ़ी के पास और कोई रास्ता नहीं है। बेहतरी के लिए, सपनों की व्यवस्था के लिए जिन रास्तों की खोज हमारे लिए अभीष्ट है। वह इसी पीढ़ी के कवियों के पास कहाँ है? बावजूद अपनी संगठनात्मक बुनावट में मज़बूत-सी दिखती हुयी यह कविता अपने फ़लसफ़े के साथ एक कमज़ोर कविता ही बन पाती है। अग्रज कवि से क्षमायाचना के साथ मेरे पास यह कहने के अलावा कोई विकल्प नहीं हैं कि यह कविता 'एबसर्डिटी' के दर्शन-विधान से आगे नहीं जा पाती।

# बाघ एक जादू है
## (सन् 2015 में 'बाघ' को पढ़ते हुए)


## जितेंद्र श्रीवास्तव


ठीक-ठीक याद नहीं, संभवत: 1990 में 'बाघ' कविता के कुछ खण्डों को पहली बार पढ़ा था। केदार जी की प्रतिनिधि कविताओं के संपादक परमानंद श्रीवास्तव ने इस कविता के सोलह खण्डों को 'प्रतिनिधि कविताएँ' में शामिल करते हुए उसे ढलती शताब्दी का 'पंचतंत्र' कहा था। प्रतिनिधि कविताएँ के अनुसार इन सोलह खण्डों की रचना 1984 में हुई थी। हालाँकि 1996 में भारतीय ज्ञानपीठ से पुस्तकाकार छपे 'बाघ' लम्बी कविता की संक्षिप्त भूमिका में केदारनाथ सिंह ने 'बाघ' की कोई रचना तिथि नहीं दी है। 'प्रतिनिधि कविताएँ' और 'बाघ' लम्बी कविता में खण्डों का क्रम भी एक-सा नहीं है। केदार जी ने भूमिका में यह स्पष्ट भी कर दिया है।

पुस्तक की भूमिका में केदारनाथ सिंह ने पंचतंत्र और इस कविता के संबंध पर एक टिप्पणी की है, जो इस कविता को खोलने में सहयोगी है–'पंचतंत्र के गुंफित ढाँचे से निकलकर पहली बार जब बाघ का बिंब मेरे मन में कौंधा था, तब यह बिलकुल स्पष्ट नहीं था कि वह एक लम्बी काव्यशृंखला का बीज-बिंब बन सकता है। वस्तुतः पहले टुकड़े के लिखे जाने के बाद ही, यह पहली बार लगा कि इस क्रम को और आगे बढ़ाया जा सकता है। फिर तो एक लैंड के किसी आंतरिक दबाव से दूसरा खण्ड जैसे अपने आप बनता गया। कथात्मक ढाँचे की इस स्वतःस्फूर्त प्रजननशीलता से यह मेरा प्रथम काव्यात्मक साक्षात्कार था।

परमानंद जी ने जब 1985 में 'बाघ' को 'ढलती शताब्दी का पंचतंत्र' कहा होगा, तब निश्चित ही उनके ज़ेहन में तत्कालीन राजनीतिक, सांस्कृतिक और आर्थिक बदलाव रहे होंगे। इस ओर लोगों की दृष्टि कम जाती है, लेकिन यह एक तथ्य है कि इस मुल्क के बाज़ार में बदलने की प्रक्रिया को जिस हिंदी कवि ने पहली बार पहचाना था, वे केदारनाथ सिंह ही थे। 1984 में लिखी गई उनकी कविता 'दाने' को उदारीकरण और मुक्त बाज़ार के इस दौर में नए सिरे से पढ़ा जा सकता है। आकार में बेहद छोटी यह कविता इस प्रकार है–

*"नहीं, हम मंडी नहीं जायेंगे,*
*ख़लिहान से उठते हुए,*
*कहते हैं दाने,*
*जायेंगे तो फिर लौट कर नहीं आयेंगे,*
*जाते-जाते,*
*कहते जाते हैं दाने,*
*अगर लौटकर आये भी,*
*तो हमें पहचान नहीं पाओगे,*
*अपनी अन्तिम चिट्ठी में,*
*लिख भेजते हैं दाने,*
*इसके बाद महीनों तक,*
*बस्ती में,*
*कोई चिट्ठी नहीं आती।"*

इस कविता का अंत जिस सन्नाटे के साथ होता है, उसी सन्नाटे के साथ 'बाघ' का पाठ उसके कई ऐसे अर्थ खोलता है, जिसके अकसर छूट जाने का ख़तरा बना रहता है। इस कविता में केदार जी की काव्य-कला ने नया उत्स प्राप्त किया था। अमूमन वे कथा में कविता नहीं कहते। हाँ, उनकी कविताओं में कथा के सूत्र होते हैं। इस अर्थ में यह कविता केदार जी के परिचित रूप विधान के समानांतर एक सर्वथा नए सौंदर्य लोक का सृजन करती है और इसलिए इस कविता को उस ढंग से समझना और विश्लेषित करना मुश्किल है, जिस ढंग से

'माँझी का पुल' जैसी कविताओं को समझा और विश्लेषित किया जाता है। इस कविता के 'आमुख' में कवि जब कहता है–

*"बिंब नहीं,*
*प्रतीक नहीं,*
*तार नहीं,*
*मैं ही कहूँगा।"*

तो वह 'बाघ' के बहाने पिछली शताब्दी के उत्तरार्द्ध में उभरी हाशिये की उन आवाज़ों को रेखांकित करता है, जिनकी ओर से प्रभु वर्ग सदैव बोलता रहा और अपने 'प्रभु' बने रहने का पुख्ता इंतज़ाम भी करता रहा। पिछली सदी के उत्तरार्द्ध में उभरी और उठी ये वे आवाज़ें हैं, जो अपने होंठों की थरथराहट किसी को नहीं देना चाहतीं। ये वे लोग हैं, जो अपनी पीठ पर पड़े समय के पंजों के निशानों का इतिहास किसी और की भाषा में अभिव्यक्त नहीं करना चाहते। यह उनका प्रतिकार है। कवि जानता है तलवों में जो जलन है, मस्तिष्क में वही विचारों की धमक है। यह लम्बी यातना से मुक्ति का घोषणा पत्र है और यह 'बाघ' के माध्यम से आया है, जिसे सामान्यतः आतंक का प्रतीक माना जाता रहा है। केदार जी ने 'बाघ' को कविता में अपने समय के मज़बूत ताले की 'चाभी' बना दिया है। 'बाघ' के सहारे यदि हम इक्कीसवीं सदी को समझने की कोशिश करें, तो कई महत्त्वपूर्ण निहितार्थ हाथ लगेंगे। कविता के दूसरे खण्ड में, शहर में, बाघ के आने का प्रसंग है। बाघ आया लेकिन किसी ने देखा नहीं–

*"किसी ने उसे देखा नहीं,*
*अँधेरे में सुनी नहीं किसी ने,*
*उसके चलने की आवाज़,*
*गिरी नहीं थी सड़क पर,*
*ख़ून की छोटी-सी एक भी बूँद।,*
*और यह बाघ लौट भी गया-*
*और जो चीज़ जहाँ थी,*

*उसे वहीं छोड़कर,*
*चुप और विरक्त,*
*चला गया बाहर।"*

लेकिन तीसरे खण्ड में 'कथा की ओट' में बैठने से ठीक पहले वह अपने शिकार का ख़ून पी चुका है। पिछली सदी के उत्तरार्द्ध का यह 'बाघ' अब इक्कीसवीं सदी के उदारीकरण की देश में पूरा का पूरा प्रवेश कर गया है। किसान आत्महत्याएँ कर रहे हैं, लेकिन हत्यारा कहीं दिखाई नहीं दे रहा। वह किसानों मज़दूरों का जीवद्रव्य पीकर देश के बजट में इबारत बन जाता है। इक्कीसवीं सदी में 'बाघ' ने 'मुक्ति' की त्वचा धारण कर ली है। यह बाघ कभी सांप्रदायिकता की आग जलाता है और कभी-कभी अमेरिकी साम्राज्यवाद का प्रतीक बन जाता है। बुद्ध के इस महादेश में अब 'बाघ' का आतंक स्थाई सत्य है और बुद्ध की महान करुणा महज़ वाक्-विलास है। इस कविता का चौथा खण्ड इस विडम्बना का आख्यान रचता है।

'बाघ' दुःख नहीं जानता। वह दुःख का कारक है। कविता का बाघ समझ निरुपाय है लेकिन हमारे समय के 'बाघ' सामान्य लोगों को न सिर्फ़ दुःख दे रहे हैं बल्कि उन्हें हर प्रकार से निरुपाय बनाने की अनवरत साधना में संलग्न हैं। ये दुःख समाप्त करने के बारे में नहीं विचारतें, बल्कि उसे सनातन सत्य में बदलने का उद्यम करते हैं। इन दिनों बाघ और बुद्ध का द्वंद्व भी नहीं है। हिंसा स्थाई भाव है। कवि अतीत का स्वप्न रचता है। सामान्यतः अतीत का वर्णन और विश्लेषण किया जाता है, लेकिन 'सामान्य' की रक्षा के लिए कवि व्यवहार के विपरीत भी जाता है। अब जबकि अहिंसा महज़ स्मृति सत्य है, तब कवि इसी स्मृति के माध्यम से एक विराट स्वप्न का सृजन करता है। एक ऐसे नगर का स्वप्न जहाँ–

*"इस तरह चलता रहा,*
*महान जीवन उस छोटे से नगर का,*
*बुद्ध की करुणा,*
*और बाघ के आतंक की,*

*एक दूसरे को काटती हुई,*
*दोहरी छाया में।"*

और इस प्रकार साथ होने का यह आशय कदापि नहीं कि वे पूरक हैं एक-दूसरे के। कवि कहना नहीं भूलता–

*"इस तरह दोनों के बीच,*
*एक अजब-सा रिश्ता था,*
*जहाँ एक ओर भूख ही भूख थी,*
*दूसरी ओर करुणा ही करुणा,*
*और दोनों के बीच,*
*कोई पुल नहीं था।"*

केदारनाथ सिंह मनुष्य और प्रकृति औदात्य गायक हैं। उन्हें बुद्ध करुणा और बाघ की विराट उपस्थिति दोनों–सृष्टि के पूरक लगते हैं। प्रकृति की सहजता, सरलता, अव्याख्येय सुंदरता और केदार जी की कविता में गहरा रिश्ता है। केदार जी उन कवियों में नहीं हैं, जो सहज को जटिल बना देते हैं, बल्कि एक ऐसे कवि हैं जो सृष्टि की सहजता को उसकी संपूर्णता में पाठकों के भाव और विवेक में ले जाने का उद्यम करते हैं।

कविता के पाँचवें खण्ड में खेत में खड़ा एक विशाल लाल ट्रैक्टर और दूसरी ओर गन्ने के खेत में 'भई, वाह अद्‍भुत!' कहता हुआ बाघ है। इस कविता में अचानक ट्रैक्टर आना आस्वाद में बाधा डालता है। लगता है, इस कथा में ट्रैक्टर का क्या काम? लेकिन जैसे ही खण्ड पूरा होता है वैसे पाठक को समझ में आ जाता है कि ट्रैक्टर महज़ ट्रैक्टर नहीं है, वह विकास प्रतीक भी है। कपिल देव ने केदारनाथ सिंह की जानवर शीर्षक कविता सामने रखते हुए 'बाघ' के इस खण्ड की बेहद प्रासंगिक व्याख्या की है। उनके शब्द हैं–'क्या नहीं लगता कि खेत में खड़ा यह ट्रैक्टर अपनी दुर्जेयता से बाघ की सारी गरिमा को निरस्त कर रहा है? बाघ की सत्ता को चुनौती देता हुआ, उसके विराट अकेलेपन को रौंदने को तत्पर यह ट्रैक्टर क्या उस बाघ से भी पुख्ता और भयानक–एक नया

बाघ नहीं? ज़ाहिर है कि इस नये बाघ के अस्तित्व को पहले तो वह अपनी ईर्ष्या जनित कल्पनाओं से निरस्त करने की चेष्टा करता है। कल्पना करता है कि वह हराई में पड़ा हुआ एक विशाल दाना है जिसे दंतकथाओं की बुढ़िया उठा ले जाएगी और अपनी-अपनी ख़ुदबुदाती बटलोई में पकने के लिए डाल देगी। मगर जब इस कल्पना से भी उसकी चेतना पर छाया हुआ विशाल ट्रैक्टर मिटता नहीं है, तो वह मानो उसकी सत्ता को स्वीकार कर लेता है।'

हिंसा से भरे इस व्याकुल समय में केदारनाथ सिंह का 'बाघ' धीरे-धीरे उन गुणों की ओर बढ़ता दिखता है, जिससे मनुष्यता के प्रतिमान तय होते हैं। 'बाघ' को इस रूप में प्रस्तुत कर केदार जी अपने समय का 'क्रिटिक' रचते हैं। एक पक्षी और एक आदमी को अगल-बगल निर्भय सुस्ताता देखकर वह मुग्ध और अवाक् है। उसे वृक्ष का गीत सुनाई देता है। इन दिनों जब लोगों को अपने ही भीतर की आवाज़ सुनाई नहीं देती, जब शिकारी वृत्ति स्थायी भाव बनती जा रही है, तब हिंसा और आतंक के पर्याय 'बाघ' का इस क़दर मानवीय हो जाना बेहद अर्थपूर्ण है।

'बाघ' को समकालीन राजनीति के संदर्भ में भी पढ़ा जा सकता है। आजकल चारों तरफ़ चुप्पी है। एक ऐसी चुप्पी जो भारतीय राजनीति में पहले कभी नहीं देखी गई। 'बाघ' कविता के छठे खण्ड में 'बाघ' और 'लोमड़ी' का संवाद है। इस युक्ति पर भी ध्यान ज़रूर जाना चाहिए। 'बाघ' बेचैन है। वह लोमड़ी से प्रश्न करता है–

***"ये आदमी लोग,***
***इतना चुप क्यों रहते हैं आजकल?"***

यह संभावना भी जताता है–

***"हो सकता है,***
***उन्हें कोई काँटा गड़ा हो।"***

और इस कविता का अंत होता है–

*"यह 'दुःख' एक ऐसा शब्द था,*
*जिसके सामने बाघ,*
*बिलकुल निरुपाय था।"*

ज़ाहिर है 'बाघ' महात्मा बुद्ध और महात्मा गांधी नहीं हो सकता और बुद्ध-गांधी अब जीवन का आदर्श नहीं रह गए हैं। उनका नाम बार-बार लिया जाएगा लेकिन आचरण में घुलने नहीं दिया जाएगा। कहना होगा कि केदारनाथ सिंह ने 'बाघ और दुःख' के बहाने अपने समय का शोकगीत रचा है।

इस कालखण्ड में जब मनुष्य ही मनुष्य के लिए दुख सृजित कर रहे हैं, तब एक 'बाघ' का रोना और उसके दुःख का कारण पूछने के लिए खरगोश, भालू और तितली का आना क्या संकेतित करता है? क्या इस विलाप को हम एक सांस्कृतिक विलाप अथवा महान जनतंत्र के करुण विलाप के रूप में नहीं पढ़ सकते!

कविता के पंद्रहवें खण्ड में पृथ्वी पर लम्बी साँस लेने वाला 'बाघ' जलती लकड़ी को अपने सगोतिया की तरह महसूस करता है। अर्थात् अपने परिवार के सदस्य की तरह जंगल कट रहे हैं। बच्चों के रहने की जगहें समाप्त हो रही हैं। पूँजीवाद की लपट चहुँओर बढ़ती जा रही है। सृष्टि का सौंदर्य पूँजीवाद की मनुष्य और प्रकृति विरोधी अवधारणा की अग्नि में जलने को विवश है। इस खण्ड की आख़िरी पंक्तियाँ 'बाघ' के भीतर पैदा हुए आतंक और असुरक्षा बोध की मार्फ़त 'सभ्यता समीक्षा' के दायित्व का निर्वहन करती है–

*"कि अचानक उसने देखी एक मरे हुए बाघ की,*
*लम्बी देह,*
*जो दीवार पर झूल रही थी,*
*बाघ ने पहली बार,*
*चिल्लाना चाहा,*
*पर चिल्लाना उसे आता नहीं था,*
*फिर भी कहीं अंदर जैसे चिल्ला रहा था वह,*

*कि वो देखो...वो देखो,*
*वो जो वहाँ टंगी है दीवार पर,*
*वह मेरी–हाँ हाँ,*
*वह मेरी देह है!"*

खण्ड अट्ठारह का आरंभ इन पंक्तियों से होता है–

*"उन्हें डर है कि एक दिन,*
*नष्ट हो जाएँगे सारे के सारे बाघ,*
*कि एक दिन ऐसा आएगा,*
*जब कोई दिन नहीं होगा,*
*और पृथ्वी के सारे के सारे बाघ,*
*धरे रह जाएँगे,*
*बच्चों की किताबों में!"*

कवि इस डर में एक बड़ा डर शामिल करता है कि–

*"हाथ कहाँ होंगे,*
*आँखें कहाँ होंगी, जो पढ़ेंगी किताबें,*
*प्रेस कहाँ होंगे जो उन्हें छापेंगे,*
*शहर कहाँ होंगे,*
*जहाँ ढलेंगे टाइप,*
*पन्ना कहाँ होगा जिस पर 'क' के बाद,*
*कहीं से उछलता–कूदता,*
*आ जाएगा 'ल' या 'श',*
*जिसे हवा सुनेगी,*
*और अपनी स्मृति में गढ़ लेगी,*
*एक पूरा का पूरा शब्द,*
*जिसे पत्ते दुहराएँगे,*
*और जो पृथ्वी के किन्हीं अदृश्य तारों से,*

*होता हुआ,*
*किसी सुदूर अस्पताल की खिड़की के नीचे,*
*एक मरते हुए आपसी के होंठों तक पहुँचकर,*
*चुपके से बन जाएगा,*
*एक छोटा-सा मीठा-सा,*
*जीने का गीत,*
*मुझे डर है,*
*एक बेहद सीधा और सादा-सा डर,*
*कि डर कहाँ होगा है?"*

और यहाँ यह कहना उचित ही होगा कि यह 'डर' वह 'डर' नहीं है जिसे पूँजीवाद और साम्राज्यवाद पैदा कर रहे हैं। कोई ग़लत न समझ ले, इसलिए कवि एक ऐसे आदमी के बहाने, जो कहीं नहीं था लेकिन सब जगह था, कहता है–

*"पर दोस्तों, हमें जीना होगा,*
*जीना होगा बाघ के साथ,*
*और बाघ के बिना भी जीना होगा,*
*जीना होगा,*
*जैसे पानी जीता है,*
*जैसे पत्थर जीता है,*
*जीना होगा,*
*जीना होगा,*
*रस्सी से झूलकर,*
*बधस्थल से लौटकर,*
*जीना होगा,*
*समय,*
*चाहे जितना कम हो,*

*स्थान,*
*चाहे उससे भी कम,*
*चाहे शहर में बची हो,*
*बस उतनी-सी हवा,*
*जितनी एक साइकिल में होती है,*
*पर जीना होगा,*
*जीना होगा,*
*और यहीं,*
*यहीं,*
*इसी शहर में जीना होगा,*
*इंच-इंच जीना होगा,*
*चप्पा-चप्पा जीना होगा,*
*और जैसे भी हो,*
*यहाँ से वहाँ तक,*
*समूचा जीना होगा।"*

और इस प्रकार एक शोकगीत के भीतर से महान जीवन-राग पैदा होता है। यही केदारनाथ सिंह की विलक्षण का काव्य-कला है। वहाँ असुंदर स्थाई हो ही नहीं सकता। केदारनाथ सिंह की कविता क्रूरता के अँधेरे में मनुष्यता का उजाला ढूँढ़ती है। यह पूरी कविता 'बाघ' के बहाने साधारण मनुष्य के संघर्ष, उसकी असफलता और जिजीविषा के एक महान रूपक तैयार करती है। इसमें जितना भय है, उतना ही जीवन का जादू भी। हरप्रसाद दास ने ठीक ही लिखा है–'बाघ' कई अर्थों में एक महत्त्वपूर्ण कविता है। कविता के अंत में जब बाघ की गुर्राहट थमती है, तो कविता का जादू एक बार और हमारे सिर चढ़कर बोलता है और यहीं से शुरू होती हैं शून्य के महावृत्त में शब्दों की सामूहिक झंकृति की वृहत्तर यात्रा...।

# संसदीय राजनीति के बअक्स क्रांतिकारी चेतना के संघर्ष की 'पटकथा'

## नासिर अहमद सिकन्दर

किसी लम्बी कविता का ताना-बाना किस तरह बुना जाना चाहिए? कथ्य, शिल्प, वाक्य-विन्यास, भाषा आदि के स्तर पर इनका आपसी सृजनात्मक रचाव और सामंजस्य कैसा होना चाहिए या लम्बी कविता के भीतर इनके अलावा किन-किन काव्य तत्त्वों का समावेश होना चाहिए, इसका कोई सीधा-सरल, मूल्य-मान चाहे न हो, पर इतना ज़रूर कहा जा सकता है कि लम्बी कविता में दर्ज यथार्थ संपूर्णता में व्यक्त हो, उस यथार्थ से जुड़ी सामाजिक-राजनीतिक घटनाएँ सिर्फ़ दर्ज ही न हों, बल्कि इनका विस्तार भी हो। साथ ही, लम्बी कविता में आरोह-अवरोह का ग्राफ तथा संवादी लहज़े का नाटकीय और प्रभावपूर्ण पाठ भी हो। आलोचक विजय कुमार के अनुसार-लम्बी कविता में अनुभव का नाटकीय रुप लिए सृजनात्मक तनाव का होना बहुत आवश्यक है, भीतरी कलेवर से ही नानाविध प्रसंग, संदर्भ और संकेत निकलते होने चाहिए वर्ना लम्बी कविता अनुत्तर-दायित्वपूर्ण वाग्स्फीती में भी बदल सकती है (साठोत्तरी हिंदी कविता: परिवर्तित दिशाएँ, पृ-188)। इन मूल्यों की कसौटी पर धूमिल की 'पटकथा' ही नहीं, अकविता दौर में लिखी सोमित्र मोहन की लम्बी कविता 'लुकमान अली' और लीलाधर जगूड़ी की कविता 'बलदेव खटिक' भी खरी उतरती है। 'लुकमान अली' और 'बलदेव खटिक' शीर्षक कविताओं में सीधे-सीधे पात्रों का चयन भी है, लेकिन 'पटकथा' में पात्र स्वयं कवि है। तो क्या लम्बी कविताओं में पात्रों की उपस्थिति भी अनिवार्य है?

धूमिल की 'पटकथा' की शुरुआत ही होती है, 'मैं' के प्रयोग से। यानि कवि ने अपनी इस कविता में स्वयं का चयन पात्र के रूप में कर लिया है–

*"जब मैं बाहर आया,*
*मेरे हाथों में,*
*एक कविता थी और दिमाग़ में,*
*आंतों का एक्स-रे..."*

हालाँकि इस कविता के मध्य भाग में कवि के रूप में उपस्थित यह पात्र 'मैं' फैंटेसी के इस्तेमाल के साथ कवि का हमशक्ल 'हिन्दुस्तान' बनकर आज़ादी, जनतंत्र, संसद, जनता की परिभाषा बताता हुआ तथा देश की तत्कालीन सत्ता-व्यवस्था के विरुद्ध जनता को जागरूक करता हुआ मूर्छित भी हो जाता है। इस कविता में यही पात्र जनता को क्रांति की रणनीति का हिस्सा बनाने का भरसक प्रयास करता है– "

*मासूमियत के हर तकाज़े को,*
*ठोकर मार दो,*
*अब वक्त आ गया है कि तुम उठो,*
*और अपनी ऊब को आकार दो।"*

वह चाहता है कि जनता मतदान प्रणाली से अलग क्रांति की राह में आए, लेकिन वह असफल हो जाता है। इस कविता में क्रांतिकारी चेतना से युक्त यह पात्र हर बार पराजित होता है और हर बार देश में चुनाव होते हैं–

*"अचानक भीड़ से निकलकर एक प्रशिक्षित दलाल,*
*मेरी देह में समा गया,*
*दूसरा मेरे हाथों में,*
*एक पर्ची थमा गया,*
*तीसरे ने मुझे मुहर देकर,*
*परदे के पीछे ढकेल दिया।"*

जनता को लामबंद न कर पाने की असफलता के कारण ही इस कविता का अंत निराशा में होता है–

*“दरिद्र की व्यथा की तरह,*
*उचाट और कूंथता हुआ घृणा से,*
*डूबा हुआ सारा का सारा देश,*
*पहले की ही तरह आज भी,*
*मेरा कारागार है!”*

यह कविता साठोत्तरी हिंदी कविता के उस दौर की कविता है, जब हिंदी कविता आज़ादी और नेहरू से मोहमंग की स्थिति में सत्ता और व्यवस्था के ख़िलाफ़ मोर्चा खोल रही थी। जहाँ देश के जनतंत्र का ऐसा रूप था, जिसमें देश की आज़ादी का लाभ जनता के हिस्से नहीं आ रहा था। जनहित से परे देश की आज़ादी बेमतलब की जान पड़ रही थी, इसलिए धूमिल इस कविता के प्रारंभिक चरण में ही 'आज़ादी' का उच्चारण करते हैं और उनका यह स्वर उन्हें ही अजनबी लगने लगता है–

*“ख़ुद मेरा स्वर,*
*मुझे अजनबी लग रहा था,*
*मैंने कहा–आ-ज़ा-दी!”*

धूमिल की 'पटकथा' पढ़ते हुए मुझे दो कविताएँ बराबर याद आती रही है, जो अपने कथ्य और पाठ में लगभग इसी के समानांतर चलती हैं। एक, सर्वेश्वर दयाल सक्सेना की 'कोट'(हालाँकि यह लम्बी कविता नहीं है), और दूसरी अकविता दौर के आसपास लिखी गई मुक्तिबोध की प्रसिद्ध कविता 'अँधेरे में' की आज़ादी को सत्ता-पूँजी का गठजोड़ और निरर्थक मानना तथा वर्ग विमुक्त समाज का सपना तीनों कविताओं के केंद्र में हैं। इन कविताओं में भारतीय जनतंत्र रहते हुए आम आदमी की ऊब, घुटन, आक्रोश के चित्र भी हैं। इन कविताओं में पात्र के रूप में स्वयं कवि है और आज़ादी शब्द का इस्तेमाल इन कविताओं में किया गया है। इन तीनों ही कविताओं में फैंटेसी का इस्तेमाल भी

है। भारतीय जनतंत्र की ख़ामियों की ओर संकेत और जनता की आज़ादी का भाव इन कविताओं में एक-सा है। इसके अलावा, स्वतंत्रता प्राप्ति के आस-पास प्रगतिवादी कवियों केदार, नागार्जुन की आज़ादी के प्रति निरर्थकता बोध की काव्य दृष्टि–'नकली मिली या कि असली मिली है। (केदारनाथ अग्रवाल)' अथवा 'जहाँ न भरता, पेट/देश वह कैसा भी हो/महानरक है (नागार्जुन)' तथा आज़ादी के डेढ़ दशक बाद अकवितावादी कवियों की आज़ादी से मोहभंग की काव्य-दृष्टि, काव्य-काल के अंतर के कारण अलग भले दिखती हो, पर ये एक-सी दिखने वाली प्रगतिशील दृष्टि ही है। अत: इन कवियों की कविताओं में आज़ादी के मापदंड जन-मुक्ति के बगैर नहीं देखे जा सकते। इसलिए 'पटकथा' में भी जन मुक्ति का स्वप्न है, तथा 'कोट' और 'अँधेरे में' भी–

***"मुझे यह मुक्ति नहीं चाहिए,***
***अपने लिए आज़ाद हो जाने से बेहतर है,***
***अपनों के लिए ग़ुलाम बने रहना।"(कोट)***

***"पूँजी से जुड़ा हुआ हदय बदल नहीं सकता,***
***स्वातंत्र्य व्यक्ति का वादी,***
***छल नहीं सकता मुक्ति के मन को,***
***जन को..." (अँधेरे में)***

इतने साक्ष्यों के बाद आलोचक अजय तिवारी काव्य दृष्टि का फ़र्क़ बताने के लिए 'पटकथा' को 'अँधेरे में' की भद्दी नकल कहते हैं–तो ऐसा बिलकुल भी नहीं लगता है।

किसी छोटी कविता के पाठ में अतिरिक्त शब्द या पंक्ति की माँग करना, उतना ही ग़ैर-ज़रूरी लगता है, जितना कि किसी लम्बी कविता के पाठ में, उसे टुकड़ों में बाँटना। लेकिन, यदि छोटी कविता का संबंध उसके 'टोटल प्रभाव' से जुड़ रहा हो और लम्बी कविता का 'विश्लेषण-संप्रेषण' से, तो इसे ज़रूरी मान लेना चाहिए। मोटे तौर पर, इस कविता को चार भागों में बाँटकर पढ़ा जाना चाहिए। पहला भाग– आज़ादी से मोहभंग, दूसरा भाग–नेहरू से मोहभंग, तीसरा

भाग–आज़ाद भारत में सभा का चरित्र और चौथा भाग–आज़ादी के बाद जनता की स्थिति और मतदान प्रणाली। इस कविता के पहले भाग में, जिसका ज़िक्र लेख के प्रारंभ में हो चुका है–जब कवि बाहर आता है, जहाँ आज़ाद हवा, धूप, घास है और 'आज़ादी' शब्द का उच्चारण करता है–

*"बाहर हवा थी,*
*धूप थी,*
*घास थी,*
*मैंने कहा आज़ादी,*
*मुझे अच्छी तरह याद है।*
*मैने यही कहा था,*
*मेरी नस नस में बिजली,*
*दौड़ रही थी,*
*उत्साह में,*
*ख़ुद मेरा स्वर अजनबी लग रहा था।*
*मैने कहा–आ-ज़ा-दी।"*

इसी कविता में आगे वे आज़ादी के बाद जनता के हिस्से आने वाली मूलभूत सुविधाओं यथा; रोटी, कपड़ा, मकान, स्वास्थ्य आदि के ब्योरे रखकर इन्हें मात्र सत्ता वर्ग के वादे कहते हैं–

*"जनतंत्र, त्याग, स्वतन्त्रता,*
*संस्कृति, शांति, मनुष्यता,*
*ये सारे शब्द थे,*
*सुनहरे वादे थे,*
*ख़ुशफ़हम इरादे थे।"*

ठीक इसकी अगली पंक्ति से 'नेहरू से मोहभंग' का दूसरा भाग प्रारंभ होता है। यह दोनों भाग 'पटकथा' में क्रमवार पंक्तिबद्ध हैं, लेकिन बीच में कवि का हमशक्ल 'हिन्दुस्तान' भी इस मोहभंग को दोहराता है–

*"उसी लोकनायक को,*
*बार बार चुनता रहा,*
*जिसके पास हर शंका और,*
*हर सवाल का,*
*एक ही जवाब था,*
*यानि कि कोट के बटन-होल में,*
*महकता हुआ एक फूल,*
*गुलाब का।"*

धूमिल कविता के इसी भाग में आज़ादी के बाद नेहरू मॉडल के विकास और योजनाओं को भी बिंबों के माध्यम से रखते हैं तथा आज़ाद भारत में उभरे जन असंतोष के बाद भी जनता की चुप्पी को कोसते हैं–

*"जनता क्या है,*
*एक शब्द...सिर्फ़ एक शब्द है,*
*कुहरा और कीचड़ और काँच से,*
*बना हुआ..."*

'आज़ाद भारत में सत्ता का चरित्र' शीर्षक का तीसरा भाग कविता में लगातार क्रमवार पंक्तिबद्ध नहीं है, बल्कि यह कविता के बीच में टुकड़ों के रूप में है। यह भाग सत्ता के पूँजीवादी चरित्र को केंद्र में रखता है। इसलिए जब-जब कविता में जनता के हितो, अधिकारों और उनकी मूलभूत आवश्यकताओं की अनदेखी तथा जनतंत्र के माध्यम से देश का पूँजीवादी विकास होता है, तब-तब धूमिल इस चरित्र को उद्घाटित करते हैं–

*"दरअसल अपने यहाँ जनतंत्र,*
*एक ऐसा तमाशा है,*
*जिसकी जान,*
*मदारी की भाषा है।"*

*“अपने यहाँ संसद,*
*तेली की वह घानी है,*
*जिसमें आधा तेल,*
*और आधा पानी है।”*

इस कविता का चौथा भाग भी, तीसरे भाग की तरह ही अलग-अलग टुकड़ों में ही व्यक्त हुआ है। इस कविता का तीसरा भाग यदि बिंब के सहारे व्यक्त किया गया है, तो चौथा भाग प्रतीकों, घटनाओं या संवादों के माध्यम से व्याख्यायित किया गया है। इस भाग में क्रांतिकारी चेतना का संघर्ष बार-बार पराजित होता है तथा संसदीय प्रणाली हर बार जीतती है। दरअसल इस भाग में ही नहीं, बल्कि पूरी कविता में जनसंघर्ष और चुनावी राजनीति के बीच द्वंद्व के दृश्य हैं। वे जनता की ऊब और गुस्से को जन-आंदोलन के बजाय ‘मुहरों’ में तब्दील होता देखते हैं–

*“मैने ऊब और गुस्से को,*
*ग़लत मुहरों के नीचे से,*
*गुज़रते हुए देखा।”*

यह कविता चौथे आम चुनाव तक के समय को अपने भीतर समेटती है। लम्बी कविता ‘पटकथा’ कथ्य की सांकेतिकता और संप्रेषणीयता को बचाए रखने के लिए इस दौर में हुए भारत-चीन और भारत-पाक युद्धों का भी ज़िक्र करती हैं तथा इन घटनाओं को सत्ता के चरित्र से जोड़ती है–

*“मैने अचरज से देखा कि दुनिया का,*
*सबसे बड़ा बौद्ध मठ,*
*बारूद का सबसे बड़ा गोदाम है,*
*अख़बार के मटमैले हाशिये पर,*
*लेटे हुए, एक तटस्थ और कोढ़ी देवता का,*
*शांतिवाद, नाम है।”*

नेहरू से मोहभंग के बाद इस कविता में भारतीय जनतंत्र के प्रति पहली बार उभरा आस्था का स्वर प्रधानमंत्री लाल बहादुर शास्त्री के कार्यकाल में दिखता है, पर ताशकन्द घटना के बाद वह टूट जाता है–

*"जब दुनिया के स्याह और सफ़ेद चेहरों ने,*
*विस्मय से देखा कि ताशकन्द में,*
*समझौते की सफ़ेद चादर के नीचे,*
*एक शांतियात्री की लाश है।"*

आज़ादी के पूर्व निराला–महंगू महंगा रहा, झींगुर डटकर बोला, भिक्षुक, कुकुरमुत्ता जैसी कविताओं के माध्यम से जिस पूँजीवादी जनतंत्र का अनुमान लगा रहे थे, उसे धूमिल 'पटकथा' में घटता हुआ दिखाते हैं। इतना ही नहीं, निराला की उन कविताओं की भाषा भी 'पटकथा' में दिखती है, क्योंकि उस दौर की जिस काव्य-भाषा का प्रयोग धूमिल अपनी 'राजकमल चौधरी के लिए', 'भाषा की रात' जैसी कविताओं में करते हैं, 'पटकथा' की भाषा उससे अलग है। यहाँ तुकों का संयोजन भी निराला की उक्त कविताओं-सा प्रतीत होता है। कहा जा सकता है निराला की इन कविताओं की काव्यभाषा को आधार बनाती है तो 'पटकथा' की काव्य-भाषा आगे की कविता की भाषा का आधार बनती है–

*"चाट रहे जूठी पत्तल वे सभी सड़क पर खड़े हुए,*
*और झपट लेने को उनसे कुत्ते भी हैं अड़े हुए।" (भिक्षुक)*

*"एक थे नव्वाब,*
*फारस से मंगाये थे गुलाब।" (कुकुरमुत्ता)*

यहाँ यह भी गौरतलब है कि निराला अपनी कविता 'कुकुरमुत्ता' में जिस क्षोभ, गुस्से और व्यंग्य के साथ नेहरू से संवाद करते हैं, धूमिल 'पटकथा' और नागार्जुन 'स्वराज की डाल' में लगभग यही शैली अपनाते हैं।

धूमिल की लम्बी कविता 'पटकथा' मात्र एक कविता नहीं है, अपितु अकविता दौर (साठोत्तरी) के प्रतिमानों-सिद्धांतों का आलोचनात्मक रूप भी

है। ऐसा कहने का आधार इसलिए भी है कि इस दौर के कवियों द्वारा लिखी लम्बी कविताओं में अकविता दौर की समस्त काव्यात्मक प्रवृत्तियाँ शामिल नहीं हैं। जबकि आज़ादी से मोहभंग, नेहरू से मोहभंग, सत्ता-व्यवस्था के ख़िलाफ़ गुस्सा, विद्रोह की भावना, जैसी साठोत्तरी काव्य-प्रवृत्तियाँ 'पटकथा' में विस्तार से हैं। यह कविता संसदीय राजनीति के बरअक्स क्रांतिकारी चेतना के संघर्ष की पटकथा भी है। उस दौर की लम्बी कविताएँ भले ही प्रासंगिक न हों, लेकिन पटकथा अपने निराशाजनक अंत के बावजूद, आंदोलन धर्मी चेतना के यथार्थपरक चित्रण के कारण आज तक प्रासंगिक बनी हुई है–जैसे मुक्तिबोध की 'अन्धेरे में'।

*"क्योंकि उसके चारों तरफ़,*
*चक्कर काटता हुआ,*
*एक पूँजीवादी विभाग है,*
*जो परिवर्तन तो चाहता है,*
*मगर आहिस्ता-आहिस्ता।" (पटकथा)*

# इतिहास बोध से शुरू होकर भविष्य के महास्वप्न पर विराम लेती कविता
## (विनोद कुमार शुक्ल की कविता 'रायपुर बिलासपुर संभाग' पर केन्द्रित)

नील कमल

विनोद कुमार शुक्ल समकालीन हिंदी काव्य परिदृश्य पर एक शिल्प-सजग कवि के रूप में सुपरिचित हैं। 'रायपुर बिलासपुर संभाग' एक ऐसी ही, प्रतिनिधि कविता है जो कवि की इस शिल्प-सजगता को संबोधित तो करती ही है, साथ ही यह भी स्पष्ट करती है कि विनोद कुमार शुक्ल समकालीन कविता के महत्त्वपूर्ण हस्ताक्षर क्यों हैं? कवि की शिल्प-सजगता की चर्चा करते हुए हम इस बात को याद रखें कि कविता की संरचना में समास शिल्प-विमुखता ही वह सजगता है जो एक जिद्दी बच्चे की तरह हरसूं अपनी पहचान करवाती चलती है।

बाघ की सुनहरी खाल पर काले धब्बों-सी विशिष्ट तथा प्रकट है विनोद कुमार शुक्ल की काव्य भाषा। इस भाषा में एक अपूर्व आस्वाद है और भाषा का यह आस्वाद कविता का पता ठीक वैसे ही देता है जैसे धुआँ आग का पता देता है। उदाहरण के लिए 'वह आदमी नया गरम कोट पहिनकर चला गया विचार की तरह' एक छोटी-सी कविता ही है, जो इसी शीर्षक के संकलन में सम्मिलित पहली कविता ही है। छोटी-सी, बारह-चौदह पंक्तियों की इस कविता में एकाधिक स्थानों पर प्रयुक्त भाषा-भंगिमा पर ध्यान देना ज़रूरी होगा। जैसे–(1) सुबह छह बजे का वक्त सुबह छह बजे की तरह, (2) पेड़

का धब्बा बिलकुल पेड़ की तरह था, (3) रद्दी नस्ल के घोड़े का धब्बा रद्दी नस्ल के घोड़े की तरह था। ऐसे ढेरों उदाहरण जुटाये जा सकते हैं और ऐसा करना बड़ा सहज होगा। लेकिन अपनी बात रखने के लिए यदि हम उपरोक्त पंक्तियों को ही देखें तो यह कह सकते हैं कि यह एक नये और भिन्न स्वाद की भाषा है। ऐसा भी नहीं है कि कोई कवि पहली बार ऐसी भाषा ईजाद कर रहा है। तुलसीदास को जब राम के सुंदर मुख के समान कोई उपमा नहीं दिखती तो वे भी राम के समान सुंदर राम की अभिव्यक्ति करते हैं। तुलसीदास की भाषा में जो अलंकार तत्त्व है, वह विनोद कुमार शुक्ल के यहाँ कवि की सील-मुहर की तरह आता है। काव्य भाषा का यही अन्दाज़ चर्चित कविता 'रामपुर बिलासपुर संभाग' में भी हैं।

कुछ चौंकाने वाली पंक्तियाँ यहाँ भी देखने में आती है। यह प्रथम पाठ की कविता ही नहीं है। एक हठ योगी के अलख निरंजन की भांति काव्य-भाषा का वैचित्र्य यहाँ मुखरित है जो कई बार तो कबीर की उलटबासियों जैसा प्रतीत होने लगता है। कविता के अनवरत कई पाठों के पाठक के पास इतना धैर्य हो कि वह भाषा की गाँठें खुलने तक कविता का बारंबार पाठ करें–

*"शब्द खेत शब्द पत्थर,*  
*मेड़ के नीचे धँसे पत्थर,*  
*बल्कि चट्टानें,*  
*फॉसिल हुई फसलें,*  
*दृश्य तालाब का गड्ढे का दृश्य साफ़ है,*  
*तालाब का पंजर,*  
*पपड़ाया हुआ तालाब का मन भीतरी,*  
*जिसमें सूखी हरी काई की पात,*  
*सूख गया हरा विचार तालाब का,*  
*पाट के ऊपर जाकर,*  
*मंदिर के पास खड़ा,*  
*किसी पेड़ का जैसे एक पुराना बरगद,*

*पेड़ का नीम सूखा,*
*था एक पेड़ की कहानी की शुरुआत,*
*लकड़ी के पेड़ के बबूल पीपल,*
*लकड़ी की अमराई।"*

कविता की बुनावट में अनाधिकृत हस्तक्षेप (क्षमा सहित) इसके अंतर्निहित अर्थों और ध्वनियों को खोलने की कुँजी साबित हो सकता है। उपरोक्त पंक्तियों का एक भिन्न पाठ क्या इस प्रकार भी नहीं हो सकता है–

*"शब्द खेत, शब्द पत्थर,*
*मेड़ के नीचे धँसे पत्थर,*
*चट्टानें बल्कि,*
*फसलें फॉसिल हुईं,*
*तालाब का दृश्य,*
*साफ़ दृश्य है गड्ढे का,*
*पंजर तालाब का,*
*भीतरी मन का तालाब पपड़ाया हुआ,*
*जिसमें काई की सूखी हरी परल,*
*तालाब का सूख गया हरा विचार,*
*पार जाकर ऊपर के,*
*मंदिर के पास खड़ा,*
*जैसे किसी बरगद का एक पुराना पेड़,*
*नीम का सूखा पेड़,*
*शुरुआत था एक पेड़ की कहानी को,*
*बबूल, पीपल के लकड़ी के पेड़,*
*अमराई लकड़ी की।"*

कविता की ज़मीन पथरीली हो तो हल भी आसानी से नहीं चलता। संभवतः इसीलिए कुछ आलोचक विनोद कुमार शुक्ल को 'महीन कातने वाला' कवि

कहने से भी गुरेज नहीं करते। परंतु वास्तविकता इससे भिन्न है और वास्तविकता तो यह है कि कविता की महीनकात कवि का अर्जित किया हुआ काव्य वैभव है जो परिदृश्य में उपलब्ध काव्य संसार से सर्वथा अलहदा ही नहीं, अपरिचित भी है।

कविता की यह नई भाषा-भंगिमा एम्बुलेंस के आगे लिखे उन अक्षरों की भाँति है, जिन्हें सीधे देखो तो ये उलटे नज़र आते हैं, पर सामने वाली गाड़ी में बैठा चालक जब इन्हें अपने 'रीयर व्यू मिरर' में देखता है तो ये सीधे स्पष्ट और प्रकट दिखाई देते हैं।

विनोद कुमार शुक्ल की कविता के पाठक तथा आलोचक को एम्बुलेंस के सामने वाली गाड़ी में बैठे चालक की दृष्टि की दरकार तो है ही, साथ ही लाज़िमी यह भी है कि उसके पास 'रीयर व्यू मिरर' भी होना चाहिए। कहने की आवश्यकता नहीं कि 'रायपुर बिलासपुर संभाग' कविता में पेड़ का जैसे एक पुराना बरगद', दरअसल जैसे बरगद का एक पुराना पेड़ है। 'पेड़ का नीम सूखा', इसी प्रकार 'नीम का सूखा पेड़' पढ़ा जाना चाहिए। कबीर उलटबासी से हिंदी कविता के सुधि पाठक अनभिज्ञ नहीं होंगे। कबीर की 'बरसे कम्बल, माँगे पानी' वाली शैली विनोद कुमार शुक्ल के यहाँ प्रचुरता में दृष्टिगत होती है।

अपने भाषागत वैविध्य के अलावा 'रायपुर बिलासपुर संभाग' एक समृद्ध भाव-भूमि और उर्वर विचार-तत्त्व से लैस कविता है। एक तरह का भौतिक द्वंद्व पूर्व कविता की पृष्ठभूमि में है। यह द्वंद्व कहीं नए और पुराने का द्वंद्व है, तो कहीं यह उपलब्ध और वांछित का द्वंद्व भी है। कविता की भीतरी संरचना में एक विशिष्ट दृश्य विधान भी है जो पाठक मन पर देर तक अपना प्रभाव बनाये रखता है। कविता का अर्थ-

विधान बहुपर्तदार है, जिसकी हर तह में एक ख़ास तरह की पटकथा साथ-साथ चलती है। चर्चित कविता में कलकत्ता (वर्तमान कोलकाता) को एकाधिक बार याद किया है कवि विनोद कुमार शुक्ल ने–

***"छोड़ कर अपना गाँव,***
***जाने का असम का चाय बगान, आजमगढ़,***

*कलकत्ता , कर्नाल, चंडीगढ़,*
*लगेगा कैसा उनको कलकत्ता महानगर!"*

रायपुर बिलासपुर संभाग के गाँवों से विस्थापित मानव संपदा के अभियान को लेकर कवि मन विचलित होता, जिन आँखों ने पहली बार रायपुर शहर में रेलगाड़ी, रोड रोलर और बिजली, नल आदि देखा है, वे कलकत्ता महानगर में क्या विस्फारित नहीं होंगी?

कलकत्ता बहुत अर्से से साहित्य में एक जादुई शहर के रूप में जाना-सुना जाता रहा है। एक ऐसा जादुई शहर जहाँ भोले-भाले गँवई आदमी को भेड़ में बदल देते हैं। जादूगरनियाँ यहाँ आदमी को तोते में बदलकर पिंजरो में बंद कर लेती हैं। वह भोला-भाला आदमी फिर गाँव नहीं लौट पाता। इस पीड़ा को एक कवि से बेहतर भला कौन जान सकता है। यह एक गँवई किसान के शहरी मज़दूर में बदलने की महागाथा है जिसे लोकगीतों में स्त्रियाँ बार बार गाती हैं। त्रिलोचन की 'चम्पा' भी कहती है, 'कलकत्ते पर बजर (वज्र) गिरे।'

'लगेगा कैसा उनको कलकत्ता महानगर!' मे दोहरे विस्मयादि-बोधक चिह्नों का प्रयोग एक संकेत है जो कविता में आगे और खुलता है–

*"क्षितिज के घेरे से मज़बूत और बड़ा,*
*कलकत्ते का है घेरा।"*

यह घेरा 'अपनी ही मज़बूरी की मज़दूरी का घेरा' है। बड़ा इतना कि क्षितिज जितना। अब क्षितिज तो वास्तव में आभास की वस्तु हैं, कल्पना है दो अंतहीन बिंदुओं को मिलाने जैसा असंभव-सा उपक्रम है, इसका परिमाप तय करना। ऐसा ही घेरा ग़रीबी का भी है। यह दुनिया का सबसे मज़बूत दुर्ग है। इस दुर्ग के घेरे से लौटना उतना ही असंभव उपक्रम है जितना कि रायपुर शहर से नांदगाँव लौटना–

*"नहीं नहीं मैं नहीं पहुँच सकूँगा नांदगाँव,*
*मरकर भी न ज़िंदा रह,*

*टिकट कर दूँ वापस,*
*चला जाऊँ तेज भागते,*
*गिरते पड़ते हांफते,*
*देखूँ झोपड़ी एक-एक,*
*कितनी ख़ाली,*
*क्या था पहले,*
*क्या है बाक़ी?"*

'रायपुर बिलासपुर संभाग' कविता की सार्थकता इसी बात में देखी जानी चाहिए कि वह 'अपनी ही मज़बूरी की मज़बूरी के घेरे' को तोड़ने के संकल्प के साथ खड़ी होती है। रायपुर से असम, कलकत्ता और चण्डीगढ़ जाने वाली उन तमाम रेलगाड़ियों को रायपुर बिलासपुर संभाग का कवि रोक लेना चाहता है, जिनमें न जाने कितने ही 'मज़बूर विस्थापित मज़दूर' मय गृहस्थी सवार हैं–

*"अरे! रोक दो मत जाने,*
*मज़बूर विस्थापित मज़दूरों को,*
*कहाँ गया लाल झण्डा! लाल बत्ती! गाड़ी रोकने को,*
*आ क्यों नहीं जाता सामने सूर्योदय लाल सिगनल-सा।"*

कहने की आवश्यकता नहीं कि जिन दिनो कवि विनोद कुमार शुक्ल रायपुर बिलासपुर संभाग कविता लिख रहे थे उन दिनों समाजवाद का सपना सुबह के उगते सूरज की भाँति तमाम वाम-चेतना संपन्न लोगों के दिलो-दिमाग़ पर अंकित हुआ करता था। सूर्योदय का यह लाल निशान, सुहागन की टिकुली की तरह पोस्टरों से लेकर दीवारों तक देखा जा सकता था, क्या आश्चर्य यदि शुक्ल जी आठवें दशक के उत्तरार्द्ध में लाल झण्डा, लाल बत्ती और सूर्योदय के लाल सिग्नल से उसी समाजवाद के सपने को ऑक्सीजन दे रहे थे। यह काव्य-चेतना कवि की वर्ग दृष्टि को तो साफ़ करती ही है। लेकिन यह सपना क्या किसी अकेले का है? मुक्ति भला अकेले में कहाँ मिलती है? तभी तो जन संगठन की ज़रूरत अपरिहार्य हो उठती है–

*"कि मैं क्या हूँ आख़िर,*
*मेरी ताकत भी क्या है,*
*बाढ़ की रोकने वाली दीवाल,*
*छोटे से गाँव के तालाब का छोटा-सा विचार है।*
*बिखर गए रक्त कमज़ोर को,*
*इकट्ठा करता हुआ,*
*ताकत का परिचय दूँ,*
*कि मेरी ताकत भी क्या है?*
*इकट्ठी ताकत तो एक-एक कमज़ोर का विचार है।"*

कविता का विचार-पक्ष यहाँ अपने पूरे उत्थान पर है। इसके बाद का जो रास्ता है वह परिवर्तन की ओर ले जाता है। परिवर्तन क्रांति की माँग करता है। यह एक महास्वप्न की तरह कविता में आता है और पाठक को यहीं से कविता का अर्थ अर्जित करना है। कवि चुपके से अपने पाठक को एक एजेण्डा पकड़ा देता है–

*"खींच दे उनमें से ही कोई जंज़ीर ख़तरे की,*
*या पहुँचे कोई इंजन तक,*
*कर ले कब्जा गाड़ी के आगे बढ़ने पर,*
*पलटा दे दिशा गाड़ी की,*
*कूदें सब खिड़की दरवाज़े से डिब्बे की,*
*लौटे लेकर फ़ैसले का विचार लश्कर।"*

व्यवस्था परिवर्तन के लिए वैचारिक दृढ़ता के साथ-साथ बड़े त्याग के लिए तैयार लश्कर चाहिए। ख़तरे की जंज़ीर खींचते हुए अथवा इंजन तक पहुँचकर गाड़ी पर कब्जा कर उसकी दिशा को पलटते हुए, जिन लोगों से नेतृत्व की अपेक्षा कवि को है, वे अभी तैयार नहीं हैं। इतनी बड़ी लड़ाई के लिए। उन्हें अभी 'फ़ैसले का विचार लश्कर' लेकर लौटना है। इस बात का एहसास भी है कवि को और तभी तो उनसे अपनी अपेक्षाएँ प्रकट करते हुए शुक्ल जी उनसे

वह सब कुछ पीछे छोड़ देने का आह्वान करते हैं जो मोह का कारण है। इस रास्ते में उसे सिर्फ़ 'ढिबरी कंदिल' साथ रखनी है। यह विचारों की रोशनी है जो आगे का रास्ता तय करने के लिए ज़रूरी है–

***"छोड़ दें पीछे मोह कचरे की गृहस्थी का,***
***टट्टा कमचिल बासी की बटकी हंडी भी,***
***पर भूल न जाएँ ढिबरी कंदिल,***
***ज़रूरत अँधेरे में रास्ता ठीक देखने की।"***

रायपुर बिलासपुर संभाग इतिहास बोध से शुरू होकर भविष्य के महास्वप्न पर विराम लेती हुई कविता है, इसीलिए मूल्यवान है। व्यापक स्तर पर समाज परिवर्तन के रास्ते में विचारों की रोशनी अत्यावश्यक है। इस रोशनी के बिना बृहत्तम जन-आंदोलन भी अनियंत्रित भीड़ से ज़्यादा कुछ नहीं रह जाएगा। विचारों की यह रोशनी चर्चित कविता के अंतःपुर में ढिबरी कंदिल के रूप में दिखाई देती है।

एक अन्य महत्त्वपूर्ण बात पूरी कविता में महाकौशल छत्तीसगढ़ का द्वंद्वात्मक तनाव है जो कविता को अर्थवान बनाता है। जनविहीन भौगोलिक क्षेत्र-विक्षेत्र भरे हुए बैल के अस्थिपंजर की तरह है। एक कवि की गहन चिंता है–

***"मर गया प्रदेश,***
***मर गई जगह पड़ी हुई उसी जगह,***
***उत्तर प्रदेश, राजस्थान,***
***बिहार, कर्नाटक, आंध्र,***
***बिखर गई बैल की अस्थिपंजर-सी,***
***सब ज़मीन उत्तर से दक्षिण।"***

इस बिंदु पर मुक्तिबोध की बहुचर्चित काव्य पंक्तियाँ, 'मर गया देश अरे! जीवित रहे तुम', अनायास ही स्मृति मे कौंधती है। मरते हुए देश का त्रासद चित्र प्रेत छाया की तरह रायपुर बिलासपुर संभाग कविता में देखा जा सकता है। एक मरणासन्न देश के नागरिको से इससे अधिक की अपेक्षा भला क्या की जा सकती है कि वे लगातार झुकते ही चले जाते हैं, सहते ही जाते हैं। विरोध में हाथ

उठाना शायद ये जानते ही नहीं। कभी जानते भी रहे हो शायद तो अब भूल चुके हैं। ये भोले हैं, निस्पृह उदास और निष्कपट भी–इतने कि कचरे को भी अपने बीच जगह देते हुए थोड़ा सरक जाते हैं। इनमें आदमी, औरत, लड़के, लड़कियाँ हैं जिसमें सभी गंदे और ज़्यादातर नंगे भी हैं। साथ ही जोर से रोते बच्चे भी। इनके साथ गृहस्थी के नाम पर कूड़ा-कर्कट, मोटरा, पोटली, ढिबरी-कंदिल, लकड़ी का गद्दा और कंधे पर लटकती कांवर या बहंगीनुमा टोकरियाँ हैं। दोनों टोकरियों में से एक में ज़रूरी बर्तन हैं तथा दूसरे में एक नवजात गहरी नींद में सोया पड़ा है। एक अद्भुत बिंब रचते हुए कवि विनोद कुमार शुक्ल इस नवजात को भविष्य के गर्भ में उलटे पड़े शिशु के रूप में चित्रित करते हैं–

*"दूसरी में छोटा-सा बच्चा,*
*छोटी सुंदर नाक, मुँह छोटा-सा प्यारा,*
*बहुत गहरी उसकी नींद,*
*भविष्य के गर्भ में उलटा पड़ा हुआ,*
*बहुत ग़रीब बच्चा,*
*वर्तमान में पैदा हुआ।"*

इस नवजात में क्या जनकवि नागार्जुन की 'हरिजनगाथा' कविता का वह सहजात शिशु कहीं नज़र नहीं आता, जिसे भविष्य में अपनी जाति का उद्धारक बनना है और जिसे जीवित रखने के लिए गाँव से दूर किसी शहर में ले जाने की हिदायतें हैं। इस अर्थ से विचार करें तो हम विनोद कुमार शुक्ल के 'रायपुर बिलासपुर संभाग' के प्रस्थान बिंदु के रूप में नागार्जुन की 'हरिजन गाथा' को याद किए बिना नहीं रह सकते। इस तरह एक दीर्घ काव्य परम्परा में हर कवि अपनी ओर से कुछ नया जोड़ता चलता है जहाँ से आने वाले को अपना प्रस्थान बिंदु चुन लेना होता है।

पुनः मरते हुए देश के प्रसंग पर लौटे तो गौरतलब है कि मरते हुए देश के मरते हुए नागरिक (अक्षरशः नहीं) गाँवों देहातों से दूर नगरों, कस्बों में विस्थापित होने के बावजूद अपनी स्मृतियों में जीते हैं। कालक्रम में ये स्मृतियाँ भी धुँधली पड़ती जाती हैं। फिर भी वे जीवन की आपा-धापी में जब-तब अपनी जड़ों को टटोलते

हैं। कभी चंद्रमा को देख 'छाती छप्पर का सफ़ेद रखिया' याद करते हुए, तो कभी आकाश की लाली से 'लाल भाजी की बाड़ी' को याद करते हुए।

समय की भारतीय अवधारणा के प्रति आस्था-वान कवि अखण्ड काल के असीम विस्तार में धीरे-धीरे, छोटे-छोटे कदमों से जीवन को मापता है और पीछे मुड़कर अपने नांदगाँव को याद करते हुए एक आख़िरी बार वहाँ ज़रूर लौटना चाहता है।

***"फलांगता उतने वर्ष,***
***उतने वर्ष तक,***
***उम्र के इस हिस्से पर धीरे-धीरे,***
***छोटे-छोटे कदम रखते,***
***ज़िंदगी की इतनी दूरी तक पैदल,***
***कि दूर अपना है,***
***नांदगाँव कितना अपना।"***

समय की यह अवधारणा विनोद कुमार शुक्ल को भारतीय परम्परा के साथ मज़बूती से जोड़ती है। यहाँ समय रुकता नहीं वह सदा प्रवाहमय है। समय का यथार्थ-परक मूल्यांकन चर्चित कविता में रेखांकित करने लायक है–

***"समय गुज़र जाता है,***
***जैसे सरकारी वसूली के लिए साहब दौरे पर,***
***फ़िलहाल सूखा है,***
***इसलिए वसूली स्थगित,***
***पिटते हुए आदमी के बेहोश होने पर,***
***जैसे पिटना स्थगित।"***

कवि विनोद कुमार शुक्ल की चिंताओं में यह बात भी शामिल हैं कि जो देश सिर्फ़ नक्शो में ही बचे रहते हैं, वे दरअसल मरे हुए देश ही होते हैं। ऐसे नक्शों में कल कारखानों तथा ऊँचे बाँधों को तो बड़ी आसानी से चिह्नित किया जा सकता है पर करोड़ों की संख्या में जिंदा मज़लूमों का नामो-निशान तक मौजूद नहीं पाया जाता। कवि देश

के नक्शे में अपना नांदगाँव ढूँढ़ता है और अंतत: मायूस होकर इस निष्कर्ष पर पहुँचता है कि ऐसा तब तक मुश्किल है जब तक 'ग़रीब करोड़ों और रईस थोड़े हों'।

*"तकनीकी तौर पर भी मुश्किल,*
*यह सब नक्शे में,*
*अब गाँव बहुत से और छोटे-छोटे हों,*
*ग़रीब करोड़ो और रईस थोड़े हो,*
*जब तक न वहाँ बड़े कारखाने या बाँध ऊँचे हो।"*

जब तक यह विषमता है, तब तक तमाम विनोद कुमार शुक्ल को अपना नांदगाँव, पारीं, नाला, नदी-मुहारा, रास्ता पगडंडी, घर आंगन, आम जाम मुनगे के पेड़, घर की ईंट, चुल्हे की आगी, तालाबों के कमल, झींगा-सिंगी बामी कातल मछलियाँ और खेलते-कूदते नंग-धडंग बच्चे देश के नक्शे में कहीं नज़र नहीं आएँगे। देश के नक्शे में नज़र आने के लिए ज़रूरी है वहाँ थोड़े से रईसों का होना, कुछ बड़े कल-कारखाने या ऊँचे बाँध। 'रायपुर बिलासपुर संभाग' इस बिंदु पर हमें पश्चिम बंगाल के नंदीग्राम सिंगुर से लेकर गुजरात के साणन्द की प्रासंगिकता के बारे में सोचने पर विवश करता है। कहना न होगा कि कविता की कालातीत प्रासंगिकताएँ ही उसे कालजयी बनाती हैं।

'रायपुर बिलासपुर संभाग' का कवि नक्शे के बाहर खड़े होकर नक्शे को देखता है, अपने नांदगाँव को जोड़ने वाले छोटे-छोटे स्टेशनों, रसमड़ा, मुड़ीपार, परमालकसा, मुसरा, बंगाल आदि को याद करता हुआ–

*"तब लगता है मैं कहीं नहीं,*
*बस निकाल दिया गया दूर कहीं बाहर सीमा से,*
*निहारते नक्शे को नक्शे के बाहर खडे-खड़े।"*

अनायास ही ये पंक्तियाँ महाप्राण निराला की याद दिलाती सी लगती हैं। बाहर मैं कर दिया गया हूँ भीतर से पर भर दिया गया हूँ–निराला की पंक्तियाँ यहाँ से लगभग उछाल लेती हुई कविता अपने प्रत्याख्यान में हमें सूर्योदय के स्वप्न की ओर ले जाती है।

# लुकमान अली–प्रतिरोध की एक कमतर कोशिश

## सवाई सिंह शेखावत

क़ुरान के अनुसार लुकमान दुनिया के सबसे बड़े हकीम थे। ऐसे चमत्कारी वनस्पति विज्ञानी जिन्हें वनस्पतियाँ स्वयं अपने गुण-धर्म बताती थीं। उनके लिए दुनिया का कोई मर्ज़ लाइलाज नहीं था। उधर अली हजरत मोहम्मद साहब के दामाद और इस्लाम के चौथे ख़लीफ़ा थे–जिनके अनुयायी आज शिया मुसलमान कहलाते हैं। लेकिन इन दोनों महापुरुषों के नामों के जोड़ से बना सौमित्र मोहन की चर्चित कविता 'लुकमान अली' का नायक एक ऐसा बौना शख़्स है जो झाड़ियों के पीछे पेशाब करता हुआ अकसर गुनगुनाता रहता है और फिर सपने में देखे हुए तेन्दुए के लिए आह भरता हुआ लौट जाता है। लुकमान अली की इस आमद को कविता में दर्ज करता हुआ कवि कहता है कि यह लुकमान अली है, जिसे जानने के लिए चवन्नी मशीन में नहीं डालनी पड़ती–अर्थात् वह किसी भी दृष्टि से कोई उल्लेखनीय किरदार नहीं है।

अलबत्ता अगले अनुच्छेद में लुकमान अली की शख्सियत और उसकी ख़ूबियों के बारे में कवि बताता है कि 'लुकमान अली' के लिए चीज़े उतनी बड़ी नहीं हैं, जितना उन तक पहुँचना। उन्हें पाने की कोशिश में लुकमान अली, जब पीले, लाल, नीले काले पाजामे पहनकर खड़ा होता है तो उसकी चमत्कार शक्ति उससे कहीं आगे निकल जाती है। ऐसे में जब वह तीन लिखता है तो लोग उसे व्यक्ति की बजाय गुट समझते लगते हैं और अभिभूत होकर प्रशंसा में नंगे पाँव भेंट देने दौड़ें चले आते हैं। भेंट भी बेहद चित्र-विचित्र–यहाँ तक

कि मन मे जुगुप्सा पैदा करने वाली। मुलाहिज़ा फ़रमाएँ–गुप्तांगों के बाल, बच्चों को गंदा होने से बचाने के लिए उनकी छाती के इर्द-गिर्द लपेटे जाने वाले बिंब (नेप्लिन) और चाँद के ख़ाली डिब्बे। लुकमान अली भी 'ग्रेट' है, वह लोगों द्वारा अता फ़रमाई गई उन अजूबा भेंटों को फेंक नहीं देता, बल्कि सँभालकर रख लेता है और फिर एक दिन उन्हें कबाड़ी को बेच कर उनके पैसे से अफ़ीम ख़रीदकर अपनी बकरी को खिला देता है। सौमित्र मोहन फ़रमाते हैं–'ऐसा करने के लिए उसे गंगाप्रसाद विमल जैसे चतुर सुजान कवि से पूछने की ज़रूरत महसूस नहीं होती।'

कविता के नाम पर ऊल-जलूल और काफ़ी हद तक भदेस-सी लगती काव्य-कथा के निहितार्थ में पैंठने के लिए ज़रूरी है कि हम इस कविता के रचना काल की पृष्ठभूमि और तत्समय की सामाजिक, राजनैतिक और आर्थिक हालात को जाने-समझें, उसका आंकलन करें और उन दबावों के चलते साहित्य में, ख़ासतौर से कविता में आगे कथ्यगत और फिल्म परिवर्तनों को व्याख्यायित करने की कोशिश करें। यह वह दौर जब भारतीय इतिहास का सबसे शर्मनाक युद्ध (भारत-चीन युद्ध) लड़े लगभग तीन साल का अरसा गुज़र चुका था। इसमें हुई शर्मनाक हार से पंचशील के सिद्धान्त की धज्जियाँ उड़ चुकी थी। भारतीय राजनय को लेकर विश्व स्तर पर आई ज़बरदस्त गिरावट के बाद राष्ट्रीय स्वाभिमान तो जैसे चौपट हो गया था, जिसे फिर से कायम करने की एक छोटे क़द के बड़े प्रधान मंत्री (स्व. लाल बहादुर शास्त्री) की कोशिशें मास्को में हुए शांति समझौते की वजह से ख़त्म हो गई थीं। देश में अन्याय, भ्रष्टाचार और मूल्यहीनता लगातार बढ़ रहे थे। विधायिका भी नेहरू युगीन आदर्शवाद को तिलांजलि देकर घटिया गाली-गलौज के स्तर पर उतर आई थी। उधर आम आदमी की भूमिका महज दर्शक भर की या नारे लगाती भीड़ की होकर रह गई थी।

तंत्र में लगातार छन और धमकियों का बोलबाला बढ़ रहा था। राजनेता जाति और भाषा के नाम पर देश को, समाज को बाँटने की कुचेष्ट में लगे थे। पाश्चात्य देशों में हमारे देश के योगियों-ढोंगियों का बोलबाला लगातार बढ़

रहा था। लगता था, ई.एस.फोरेस्टर की सपेरे और मदारियों वाली भारत की पुरानी छवि फिर निर्मित हो रही थी। कृषि उत्पादन के बिगड़े हालात के चलते अमेरिका से पी. एल. 480 वाला घटिया गेहूँ मँगाने-खाने (लगभग भीख की शक्ल) की नौबत आ चुकी थी। उधर आमदनी बढ़ाने के चक्कर में राज्य-सरकारें गाँव-गलियों में दारू की दुकाने खोल रही थीं, जिससे ज़ाहिर है महिलाओं की मुश्किलें बेइंतहा बढ़ गई थी। पति नामक शख़्स या तो गली-चौराहों पर नीम बेहोशी में पड़े बुदबुदा रहे थे, झाग उगल रहे थे, उन्हीं दिनों हरियाणा में एक टेम्पो पर लिखा एक संदेश मुझे आज भी याद है–'बुरी नज़र वाले तेरे बच्चे जिए, बड़े होकर देसी दारू पियें।' देश में जवानों की संख्या तेज़ी से बढ़ रही थी और इस बढ़ती आर्थिक असमानता के चलते नक्सलवाद जैसा हिंसक आंदोलन देश के सीमांत प्रदेशों में तेज़ी से फैल रहा था। अमेरिका की दादागिरी से वियतनाम में नरसंहार ज़ारी था। देश में तेज़ी से बढ़ती आबादी पर अंकुश लगाने के लिए परिवार-नियोजन का अभियान चलाया जा रहा था। गली चौराहे पर लाल तिकोन निशान मुस्करा रहा था। ज़ाहिर है ऐसे में देश के बुद्धिजीवियों की ज़िम्मेदारी बढ़ जाती है कि वे राष्ट्रीय जीवन में आई विसंगतियों को रेखांकित करते हुए बौद्धिक प्रतिरोध के ज़रिये देश के नागरिकों, विशेष रूप से युवा पीढ़ी का मार्गदर्शन करें, उन्हें सार्थक दिशाबोध दें। ऐसे सौमित्र मोहन की कविता 'लुकमान अली' साहित्य के पटल पर नमूदार हुई। कविता पहले अनुच्छेद का सार पूर्व में उद्धृत करने के बाद दूसरे अनुच्छेद की बात करें तो कवि कहता है–'उठना अगर उठना नहीं, महज़ एक क्रिया है तो आप कहेंगे-जाता लुकमान अली है।' सौमित्र मोहन के प्रतिरोध की कमतरी यहीं से दिखनी शुरू हो जाती है। यद्यपि प्रतिरोध के नाम पर पहले पैरे में भी उल्लेखनीय बात नहीं है, लेकिन फिर भी एक ऐसा बौना शख़्स है जो यथास्थिति की झाड़ियों पर मूतने की सामर्थ्य रखता है । वह सपने देखे तेंदुए की आक्रामकता से लैस है। चीज़ों की ज़द तक पहुँचने के लिए उसके पास पीले, लाल, नीले, काले पाजामों को साथ पहनने का ध्यानाकर्षण है। उसके तीन लिखने (आधार, उत्कर्ष और समाहार) के गुट से प्रभावित होकर लोग ( भले ही टुच्ची और मसखराना) भेंट देते हैं। वह स्वयं

कवि को पीठ पर बजरंगबली के चित्र दिखाने और भूख बचने के लिए अमेरिका, रूस चीन देशों से भीख माँगने और फिर महान भारतवासी मानने के गुमान के बारे में बताता है।

सवाल यह है कि उठना 'उठना, क्यों नहीं है? गुप्त जी ने उपनिषदों के गहन आशय को दुहराते हुए कहा है कि 'खड़ा सदा रहने वाले का रहना है सौभाग्य खड़ा।' सौमित्र मोहन लुकमान अली के उठने को पता नहीं क्यों महज़ एक क्रिया में बदल देते हैं? वह भी निहायत अजूबा क़िस्म की कि लुकमान अली के हाथ में अंडा देते ही उसके वीर्य में बचपन का शहर घुलने लगता है और उसे शहर का एक लौंडा याद आने लगता है जिसके साथ नंगा लेटे हुए वह भूतों की कहानियाँ पढ़ते हुए घंटों छिपा रहता था। चीज़ें रक्त में घुलती हैं, न कि पश्चातवर्त्ती उत्पाद में। वीर्य धारवीय सामर्थ्य है या फिर उसका स्खलन है। सौमित्र मोहन लुकमान अली तमाम प्रतिरोधी कोशिशों एक संकीर्ण दायरे में समेट हैं, जहाँ वह शहर के लौंडे के साथ नंगा लेटे हुए भूतों की कहानियाँ पढ़ता है या फिर छिपने-छिपाने की इस सेंधमारी में अपने गाँ बाप की यौन क्रियाएं देखने का ख़्वाहिशमंद है। वह परिकथाओं की तरह जूता पेट पर बांधकर उड़ने का इंतज़ार करता है। उसे चमकती गली हिलती महसूस होती है। एक घोड़ा हिनहिनाता, गुज़रता-सा लगता है और आसपास की तमाम चीज़ें यथास्थान होने के बावजूद मुड़े हुए काग़ज़ लगती हैं। अर्थात् गति नहीं बल्कि मिथ्या गत्यात्मक आभास। फिर अचानक कवि बदहवास दौड़ने, रोने, बेतरह डरने की बात करने लगता है। उसे लगता है कि उसका दोस्त उससे रूठ गया है। मारे डर के वह नाड़ा लगाना तक भूल जाता है। उसे लगता है कि वह एक निषिद्ध चीज़ (पिता का रेज़र) अपनी जेब में रखे हुए हैं। घबराकर वह अपना नाम चलते हुए क ख ग का उच्चारण करने लगता है। फिर पता नहीं क्या सोचकर धरती से धन खोदने की मुहिम में जुट जाता है। वह भी कुत्ते की हड्डी से पाठमाला लिखते हुए। सौमित मोहन की इस पर टिप्पणी है कि बिना इस भूलभुलैया के अंदर गए ही वह 'कहाँ से कहाँ' लाँध जाता है।

इस कविता प्रकाशन के बाद सौमित्र मोहन ने कहा था कि यह कविता लिखना मेरे लिए 'ऑटो राइडिंग' नहीं, बल्कि ऑटो थिरैपी की तरह था।

लुकमान अली की स्थितियों का सामना करते हुए मुझमें वे भय दूर होते जा रहे थे, जो बचपन से मेरा पीछा कर रहे थे। यह सच है कि एक किशोर की दुनिया लगभग अराजक होती है। उसमें बचपन के भय, जिज्ञासा, मनोग्रंथियाँ, प्रतिकार, प्रतिरोध, एडवेंचर सबा शामिल रहते हैं। वहाँ व्यवस्थापन की बजाए अराजक बेतरतीबी ही अधिक होती है। जैसा कि हम इस कविता में भी पाते हैं। लेकिन सौमित्र मोहन के कवि की असल हदबंदी वहाँ देखने को मिलती है, जहाँ वे लुकमान अली को सर्जनात्मक प्रतिरोध के एक सशक्त प्रतिनिधि के रूप में प्रस्तुत करना चाहते हैं पर इस नेक और बड़ी ख्वाहिश के बावजूद अपनी स्मृति, स्वप्न, हास्य के भदेस उत्स, तर्कातीत आतंक और अर्द्धचिंतन की एषणाओं के दलदल में भटकते हुए बार-बार चौंकाऊ यौन कुंठाओं में लौटते हैं। जबकि ठीक इसी समय मुक्तिबोध की कविता 'अँधेरे में' का नायक उस डरावनी और खौफ़नाक भूलभुलैया में पैठ कर ना केवल तमाम विध्वंसकारी ताकतों को चीन्हते हुए उन्हें बेनक़ाब कर रहा था बल्कि उन अनैतिक अराजकताओं के बीच जीवन-सत्यों का भी साक्षात्कार कर रह था।

मुझे लगता है इसकी मूल वजह है सौमित्र मोहन के कवि का लोक से न जुड़ा होना। उनकी समस्त काव्य मान्यताएँ पश्चिम आयातित हैं। राजेश जोशी ने इसे लेकर ठीक ही कहा था कि 'अकविता बिलांगिंग की कविता नहीं है। वह किसी भूगोल, इतिहास, परम्परा यहाँ तक कि किसी समाज या परिवार की निवासी भी आप को नहीं मानती। उसके बिंबों और वक्तव्यों के बीच एक क़िस्म की असंबद्धता मात्र, उसका कला कौतुक भर नहीं है बल्कि इसमें उनकी सोच का दुनियादी खोट भी शामिल है। यह असंबद्धता कविता एक छद्म जटिलता और अमूर्तता का स्वांग रचती चलती है क्योंकि किसी जटिल सामाजिक या मनोवैज्ञानिक गुत्थी से उलझने कारण पैदा हुई जटिलता नहीं बल्कि शिल्प स्तर पर इन प्रयोगों ने समूची कविता को ही एक कलाबाजी में बदल डाला है। कला चातुर्य के इस खेल ने उक्ति-वैचित्र्य के पुराने प्रतिमानों को भी पीछे छोड़ दिया था और कला चातुर्य के इस प्रयोग में सौमित्र मोहन आगे थे। इस हदबंदी का शिकार होकर ही सौमित्र मोहन का काव्य नायक प्रतिरोध की अपनी तमाम

कोशिशों में केवल गीता और कोकशास्त्र की कसम खाकर दर्शक-दीर्घा में बैठे रहते हुए विधायिका की गाली-गलौज, टोपियों की उछाल और खेद-खेद की आवाज़ें सुनता हुआ फ़कत अपने रंग-बिरंगे पाजामे उतारता रहता है। नंगई के इस खेल में वह विभागाध्यक्ष का नाम अपनी दाँयी जाँघ पर ख़ुदवा लेता है और बिचली पीढ़ी के साहित्यकारों की कुछ अनोखा करने की कोशिश में कबीर को आधुनिकता की कै करते दिखाने के अलावा और कुछ ख़ास नहीं कर पाता। यही वजह रही कि कवि भले ही ऐलान करे कि 'वह आपकी जेबों में खौफ़नाक इश्तेहार रख जाएगा।' लेकिन उन इश्तहारों से निकलते हैं कलाबाजी के वही असंबद्ध करतब, जिसमें लिखा है–

***"किताब पढ़,***
***टोपी पहन,***
***घास के मैदान जा,***
***कामजी का बेटा,***
***बेटे का बाप,***
***बाप का लँगोट,***
***लँगोट का सूत,***
***घर-घर बाँट,***
***अफसरी छाँट!***
***या फिर इन सबके विरुद्ध,***
***महज़ दर्शक बनी या नारे लगाती भीड़।"***

तीसरे अनुच्छेद की शुरुआत एक व्यंजक टिप्पणी से होती है। कवि कहता है–'लुकमान अली के लिए स्वतंत्रता उसके बौने कद से तीन इंच बड़ी है।' अर्थात् कमतर और अपर्याप्त। लेकिन लुकमान अली प्रतिकार में केवल बनियान की जगह तिरंगा पहनकर कलाबाजियाँ खाता है। उसकी इन कलाबाजियों में शुमार है। पाँचवें आम चुनाव में बौनों का प्रतिनिधित्व करने की इच्छा। अपने रंग-बिरंगे पाजामे फाड़कर सबमें चूतड़ों पर पैबंद लगाने की चाह। गधे की सवारी करना। अपने गुप्तचरों के ज़रिए प्रजा पर हमला बोलना इत्यादि। लुकमान

अली जानता है अब चुनाव लोगों की राय का प्रतीक नहीं है बल्कि धन और धमकी का अंगारा मात्र होकर रह गए हैं, जिसे अपने कपड़ों में छिपाए लोग पानी की तलाश में इधर-उधर दौड़ते रहते हैं। यह समस्याओं का अति नाटकीय प्रदर्शन है और चौंकाऊ ध्यानकर्षण भी।

क्योंकि इन सबके निदान स्वरूप कवि कुत्सित यौन बिंबों और चौंकाऊ जूमलों की जो फेहरिश्त प्रस्तुत करता है, उससे कविता लगातार भदेस होती चली जाती है। देखें फ्रीज़ में बैठकर शास्त्रों के पाठ की इच्छा, रामलीला से उतना नहीं चिढ़ना, जितना उन पुरुषों को देखकर जो स्त्रियों का अभिनय करते थे। अलबत्ता, मज़े की बात यह है कि वह उन्हीं चिढ़ाऊ पुरुषों की उढंग धोतियों को देखकर नशा भी महसूस करता है। फिर वही बचपन का लौंडा पाँवों में स्केट का बांधना, प्रेमिका के बालों को अपने जूते में रख लेना और अपने बौनेपन में लीन हो जाना। अपनी उलटबासियों का इज़हार करते हुए सौमित्र मोहन कहते हैं कि 'लुकमान अली इसलिए पकड़ में नहीं आता क्योंकि वह पेड़ नहीं है बल्कि अपने बौनेपन में लिप्त वह लुकमान अली है जो लुकमान अली होते हुए भी लुकमान अली नहीं है। यह एक क्रूर विसंगति है कि सर्जक ही अपने किरदार की ऊँचाई बख्शने की बजाए टुच्चा बौना बनाये रखने पर अमादा रहे। सवाल सिर्फ़ इतना है कि 'ऑटो थिरैपी' के ज़रिए सौमित्र मोहन किन मनोवैज्ञानिक भयों से और कैसे मुक्ति पा रहे थे?

इस कविता का चौथा, पाँचवाँ, छठा, सातवाँ और आठवाँ अनुच्छेद भी उसी असंबद्ध अराजकता और कुत्सित यौन बिंबों की आक्रामकता से लैस हैं जिनका पूर्व में ज़िक्र किया जा चुका है। यद्यपि यहाँ 'विसंगति के नाटक अकेला', 'मिथकों की बजाए उस भाषा को समझना जो आदमी सोते समय को अपने अचेतन में बुड़बुड़ाता है', 'जनाब आप पैसे इंग्लैंड में रखकर बारिश का मज़ा हिंदुस्तान में ले रहे हैं', 'मासूमियत उसे आदमी बना देती है', 'टिनोपाल की ज़रूरत मुझसे अधिक शांति कपोत को है जैसी अर्थगर्भी और व्यंजक पक्तियाँ भी हैं, लेकिन वे अपना असर देर तक कायम नहीं रख पातीं। क्यूंकि तत्समय की कथित विकृत जीवन स्थितियों का जायज़ा लेने के नाम पर कवि हमें बार-बार

उन्हीं भदेस स्थितियों में ला खड़ा करता है। जहाँ औरते गर्भ में दो-तीन बच्चों को मारकर परिवार नियोजन प्रतीक चिह्न लाल तिकोन की ओर इशारा कर रही हैं। कवि स्वयं मूक अभिनय करता हुआ लोरेल और हार्डी की तरह खरबूजे खाना और आइसक्रीम का युद्ध लड़ना चाहता है। उसकी आकांक्षा है कि लोग अपने पर्स उसके आगे डाल देने के साथ अपनी बीबियों को भी उसके साथ सोने की इजाज़त दें, लिहाज़ा कामायनी की नायिका उसे गंजी लगती है जो अपनी जुल्फों के काटे जाने की शिकायत करने के साथ यह भी कहने से नहीं चूकती कि 'हाय मेरे स्तनों को चूसते हुए हीरो लगते हो।' वह संगमरमर की सीढ़ियों में भग की आकृति में खुदे कृष्ण को देखता है। वह देखता है कि 'नंगी नहाती औरत को नाली के पास खड़ा एक कुत्ता और ठीक उसी मुद्रा में एक आदमी भी देख रहा है।' इस सबके विरुद्ध वह गुदा मुख और दरवाज़े पर मोमबत्ती जलाते हुए पैराशूट बनाकर पेशाबघर में उतर जाना चाहता है। अपने शिश्न को वह तोप बनाने का ख्वाहिशमंद है। अंगूठे में फ्रेंचलेदर पहनकर सलाम करता हुआ वह हिजड़े, बिच्छू को पकड़ने के लिए भरी महफ़िल में कूदना चाहता है। ऐसे में उसे सिनेमा घरों में जाँघों को दबाएँ राष्ट्रगीत गातीं औरतें याद आती हैं। उसे लगता है पिताओं की जेबें बालसफा साबुन की टिकिया से फूल रही हैं, जैसे तमाम जुमलों की वजह से बिहार में बाँसों के कीड़े खोजने का मिशन, राजकमल चौधरी, बौनेपन का झूठ, चार्ली चैपलिन और जगदीश चतुर्वेदी, प्रेम शब्द की धातु और अर्थ, माओ का चित्र, कैनेडी के हत्यारें की बन्दूक, संजीवनी बूटी, वियतनाम और नक्सलवाड़ी, बर्टेंड रसैल और ज्यों पाल सार्त्र, दस स्पोक जरथुस्त्रा, तीन कदमों में धरती को नापने जैसी वामनी ख्वाहिश सब निरर्थक ही जाने हैं और प्रतिरोध की समूची कवायद के बाद भी कविता कवि की अतृप्त एषणाओं का आधा-अधूरा कॉकटेल बनकर रह जाती है।

नवाँ अनुच्छेद फिर बेहतर संभावनाओं की बात करता है। कवि लिखता है कि 'लुकमान अली' वहाँ से शुरू करता है, जहाँ कुछ भी होना रुक गया है। इसके लिए वह आग नहीं, बल्कि आग के श्रम को बुझाना चाहता है। ज़ाहिर तौर पर इससे बेहतर बात भी क्या हो सकती है भला। क्योंकि प्रयत्नधर्मी आग

के नाम पर लोगों ने जो खामख्यालियाँ पाल रखी हैं उनसे किसी का हित नहीं सधता। अतः हमें जीवन के यथार्थ धरातल की पड़ताल करनी चाहिए। कवि इस अनुच्छेद के अंत में बेशक एक क़ीमती बात कहता है कि 'जहाँ कुछ भी होना रुक जाता है वह एक तरह से सुरंगों से निकलकर फिर सुरंगों में चले जाना है।' कवि अपनी इस मुहिम में जूते नहीं एडियों को बदलने की बात भी करता है, लेकिन सौमित्र मोहन का कवि अपनी समूची प्रतिरोधी लबालब इच्छा के बावजूद ट्रीटमेंट के स्तर पर उतना ही अगंभीर और क्षमा करें ग़ैरज़िम्मेदार हैं। जब भी प्रतिरोध में कुछ करने धरने की बात आती है तो वह उन्हीं अराजक जुमलों की खोह में चला जाता है। मुलाहिजा फरमाएँ , जहाँ होना रुक गया है उसे फिर से तरह देने के लिए वह बूढ़ी मोनालिया की झुर्रियों में लोशन लगाते हुए सुरखान के परों से हवा करता है। नकली मूँछे लगाकर वह उसकी चूँचियों में गिलहरी छोड़ देता है। ऐसा करके वह उसकी उन बारीक मुस्कराहटों को चीन्ह रहा है जो कला की दुनिया में वर्जित हैं। आगनवीं आग के भ्रम को बुझाने के नाम पर भी वह 'दया करो प्रभु' कर भजन गाने, ग्लोब में घुसकर पिस्तौल से निशाना साधने के अलावा कुछ नहीं कर पाता। वह कहता कि उसकी पिस्तौल से पजामें छूट रहे हैं, जिनसे लोग घायल नहीं होते। बल्कि अपने-अपने देशों की ओर भाग रहे हैं। बुखार में तपते हुए सुइयों से झंडे-सी रहे हैं। अलबत्ता, उसको इसका इल्म है कि कविता इन चाबियों से नहीं खुलती है बल्कि खाज से खुलती है, तो कहने को मन करता है, प्रभु फिर हमें क्यूँ भटका रहे हैं, उस खाज का पता सीधे-सीधे क्यों नहीं देते जो आपकी राय में सब तालों का चाबी है?

दसवाँ और समापन अनुच्छेद इस कविता की सफलता-विफलता का साझा साक्ष्य है। कवि कहता है, 'लुकमान अली ब्लैक आउट में शब्दकोश लेकर पहरा दे रहा है। उपनिषदों में कहा गया है कि जब चौतरफा घना अंधकार हो, हाथ को हाथ नहीं सूझ रहा हो, तब ऐसे में शब्द शक्ति ही हमारा संबल बनती है। उसके माध्यम से ही हम औरों तक और दूसरे हम तक पहुँचते हैं। सौमित्र मोहन तत्समय की स्थितियों को 'ब्लैक-आउट' करार देकर उसकी गंभीरता की ओर ठोस इशारा करते हैं। यह जागरूकता बेहतर सिद्ध होती बशर्ते यह उनके

आत्म से निसृत होती। मैं पहले भी लिख चुका हूँ कि उनके अपने समय में ही मुक्तिबोध अपनी आत्मा के रेडियम के ज़रिए चीज़ों की शिनाख्त कर रहे थे। लेकिन सौमित्र मोहन का सारा फोकस बाघ पर है। जहाँ लुकमान अली लोगों की बात समझने के लिए जल्द जल्द पन्ने पलट रहा है

ज़ाहिर है ऐसे में चीज़ों को समझना मुश्किल है और ऐसे में शब्दकोश बजाए एक मार्गदर्शक के, फेरा ही सिद्ध होगा, जिसमें सौमित्र मोहन का कवि बेतरह फँस गया है। वे भले ही इसके किये लुकमान अली को ज़िम्मेवार ठहराएँ, जो शब्दों के उस फंदे को छुटपन में 'धंधा' बोलता था। 'फंदे' से 'धंधे' की यह तुक निरी हास्यास्पद है। ऐसे में शब्दों की ग़लत पहचान को दूरबीन से देखता हुआ, उनका काव्य-नायक अपनी उम्र के तीस सालों को पसीने से भीगी मुट्ठियों में कितना ही रोकने का जतन करे–हासिल कुछ नहीं होगा। अलबत्ता, वह सड़क के बीचों-बीच शीशा फेंककर पीछे आने वाली सवारियों को लहूलुहान अवश्य कर सकता है। सौमित्र मोहन अपने लिए भले ही लिखें कि 'वह तीर की तरह वहाँ से निकल जाता है जहाँ रौशनी नहीं है' लेकिन औरों के लिए वह उस अंधकार को गाढ़ा ही करेगा।

इस अनुच्छेद में लुकमान अली के पाजामों के प्रतीक का कवि ने निश्चय ही बेहतर और व्यंजक इस्तेमाल किया है। उनके रंगों के ज़रिए कवि हमें तत्समय के राजनीतिक, वैचारिक, अकादमिक और प्रतिरक्षात्मक प्रयत्नों की असलियत में ले जाता है–जहाँ हम कृषि के क्षेत्र में राजनीतिकों द्वारा फैलाए गए समृद्धि के कथित पीले सम्मोहन के शिकार थे। उधर पंडित नेहरू द्वारा स्थापित कॉफ़ी हाउसों में लाल रंग के गहरे सम्मोहन से ग्रस्त होकर साम्यवादी विचारक रातों-रात सब कुछ बदल जाने का हवाई सपना देख रहे थे। देश की सीमाओं पर तैनात नीले ध्वजों वाली फ़ौजी टुकड़ियों की किताबी शूरवीरता की धज्जियाँ जिस तरह भारत-चीन युद्ध के दौरान उड़ीं, उसका हश्र सारी दुनिया देख चुकी थी। विदेशों की अंधी नकल के नाम पर विविध क्षेत्रों में जो अकादमियाँ स्थापित की गई थी, वे भी अपने असर में टोना-टोटका सिद्ध हो रही थी, क्योंकि देश की वास्तविक परिस्थितियों, हमारे पारम्परिक ज्ञान-विज्ञान से उनका कोई वास्ता

नहीं था। लेकिन इस व्यंजक विश्लेषण के बाद फिर वही चट्टान, वही नंगा लेटा लौंडा, वही भूतों की कहानियाँ...वगैरा। ऐसे में काव्य नायक इंतज़ारी की व्यर्थता के मुहावरे को जान कर भी सिर्फ़ निरर्थक इंतज़ार ही करेगा। बाहर से लुकमान अली और भीतर अंधा तहख़ाना बना रहेगा। सौमित्र मोहन भले ही कटी अंगुली पर नमक लगाकर कवच पहनाने की बात करें, वह महज़ दृश्य बनकर रह जाएगा–दृश्यांतर की गुंजाइश वहाँ तनिक न होगी।

उस दृश्य में कवि हमें सैंतालीस मुद्दे और परिस्थितियों से अवगत कराता है। वे हैं–उड़ते हुए हेलीकॉप्टर, टिड्डियाँ, पर्चे, पजामें, लाशें, टोपियाँ, बेलावादक, छपे हुए भाषण, गौएँ, कविताएँ, मुखौटे, नेता, कुर्सियाँ, झगड़े-लफड़े, तालाबंदी, रेलें, अणु-बम, लाठियाँ, राइफलें, भूख हड़ताल, व्यावसायिक अख़बार, लड़कियाँ, जूते, अंडे, पुरस्कार, विदेश यात्राएँ, नौकरशाही, रिश्वतें, प्रजातंत्र, अश्लीलता, आलोचकों के पुतले, विश्वविद्यालय, विदेशी आक्रमण, संस्कृति, भ्रष्टाचार, भाई-भतीजावाद, सूअर, होटल, युवा चित्रकार, अँधेरा, चीखें, बलात्कार, डाके, सड़क, बंदी, चिकित्सालय और सीमाएँ। लेकिन यह फेहरिश्त यहीं ख़त्म नहीं होती। कवि ने यहाँ 'और' शब्द की अट्ठानवें आवृत्तियाँ की हैं जिनसे घिरकर लुकमान अली भाग रहा है और बकौल कवि वह प्रदर्शनों का हिस्सा होकर भी आतंकित नहीं है(?) तो क्या है वह अपने चौरंगे पजामों का छाता बनाकर भोली, डोली और लोभी की तुकों में 'साकेत' खोज रहा है। ऐसे हास्यास्पद प्रतिरोधी प्रयत्न हर हाल में शौर्य से भ्रमित होंगे ही। कवि कहता है–वह जानता है कि 'उसकी नियति का किसी को पता नहीं।' लेकिन उसकी इस नियति के लिए केवल और केवल कवि सौमित्र मोहन ज़िम्मेवार हैं। जहाँ वह खुले गटर में खड़ा होकर राष्ट्र की सेवा करने को अभिशप्त हैं और दुर्भाग्य यह है कि उसे इस बात का पता तक नहीं।

# अकेला आदमी अपराधी होता है

## निशांत

*"अकेला आदमी अपराधी होता है,*
*सवालों के जत्थों से भरा हुआ अकेला आदमी,*
*एक दुर्घटना होता है।"*

1974 में लिखी हुई ये काव्य पंक्तियाँ आज भी उतनी ही शिद्दत से सच के साथ खड़ी है। समाज व्यवस्था, राष्ट्र व्यवस्था और व्यक्ति विशेष व्यवस्था में मनुष्य की संवेदनाओं के लिए कोई जगह नहीं है। मनुष्य या तो व्यवस्था का अंग है या व्यवस्था विरोधी। संवेदनशील होने की सज़ा, भारी सज़ा उसे चुकानी पड़ती है, या तो उसे जेल में डाल दिया जायेगा या वह पागल हो जायेगा। सामान्य ढंग से अपने नागरिक अधिकारों के साथ उसे जीने नहीं दिया जायेगा। उसे भरपेट भोजन और पूरी रात नींद नहीं दी जायेगी। उसकी नींद में खलल डाला जायेगा और भरपेट भोजन को लूट, डकैती, चोरो में तब्दील कर किया जायेगा। लीलाधर जगूड़ी की कविता 'बलदेव खटिक' इसी सच को उद्‌घाटित करती है।

कथानक लम्बी कविताओं की जान होती है। कथा विन्यास को धारण की हुई कोई भी कविता पाठकों के ज़ेहन में ज़्यादा समय तक टिकी रहती है। लेकिन सिर्फ़ कथानक हो और उसमें काव्य के तत्त्व न हो तो फिर पाठक कविता के बदले कहानी पढ़े। कविता क्यों? फिर एक बार रामचन्द्र शुक्ल याद आ रहे हैं। 'कविता क्या है?' दीर्घ निबंध के चक्कर में न पड़कर सिर्फ़ एक पंक्ति में समझना चाहें, तो कह सकते हैं कि–'कविता मनुष्यता की मातृभाषा है।' इसी

मातृभाषा में 'बलदेव खटिक' की कहानी जगूड़ी जी कहते हैं। बलदेव खटिक पुलिस में नौकरी करनेवाला एक संवेदनशील संतरी है। उसकी माँ बीमार है, वह छुट्टी लेकर, जो उसे व्यवस्था द्वारा तीन दिन की देर से मिलती है, घर पहुँचता है। माँ को बचा नहीं पाता और इस हादसे से इतना डूब जाता है कि पागल हो जाता है। बस इतनी-सी कहानी है, इस कविता की। लेकिन कविता की शुरुआत एक दूसरी कहानी से होती है। एक रंगतू नाम का व्यक्ति है जो कल राशन लूटने में शरीक था। पुलिस उसके गाँव उसे पकड़ने के लिए आई है। उसी पुलिस दल का एक सदस्य है बलदेव खटिक। देखा जाए तो सही मायने में नायक रंगतू है। एक काव्य नायक में जितने तरह के गुण होने चाहिए, वे सारे गुण रंगतू में है। वह क्रांतिकारी है, क्योंकि राशन लूटने में वह शरीक था। पारिवारिक है, अपने परिवार के साथ चैन की नींद सोया हुआ है। ग़रीब है। दुःखी होना तो ऐसे नायकों की नियति ही होती है। अर्थात् एक पाठक की सारी संवेदनाओं को अपनी तरफ़ आकर्षित करने वाले, उससे सहानुभूति की ज़मीन पर अपने लिए भी थोड़ी सी जगह बनाने की बिना कुछ किये सिफारिश करने का गुण भी है रंगतू में। फिर भी वो काव्य नायक नहीं है। कविता भले उस से शुरू हो, पर ख़तम बलदेव खटिक पर होती है। कविता का नाम भी बलदेव खटिक ही है रंगतू नहीं।

यहाँ ठहरकर हमें थोड़ा विचार कर लेना चाहिए कि वे क्या परिस्थितियाँ रही होगीं, जब कवि नायक के बदले प्रतिनायक को ही कविता के केंद्र में ला खड़ा कर देता है? वो भी ऐसा नायक जो व्यवस्था और व्यस्थापक के बदले निरीह कौवों पर गोली चलाता है और बंदूक के बट को थाने की दीवार से मारकर तोड़ देता है और फिर फ़रार हो जाता है। याद आती है एक पुरानी फिल्म 'नमक हराम' जिसमें अमिताभ बच्चन नायक होता है। एक बड़े सेठ का लड़का और राजेश खन्ना को मज़दूरों के बीच भेजता है हड़ताल तोड़वाने के लिए जो कि उसका दोस्त है। होता है उलटा। वह मज़दूरों के पक्ष में बोलने लगता है। इस कविता में भी बलदेव खटिक रंगतू को पकड़ने जाने वाले दल का एक सदस्य है। लेकिन बाद में वह पागल हो जाता है। वह क्रन्तिकारी तो नहीं बनता लेकिन व्यवस्था विरोधी हो जाता है। जब व्यक्ति अपनी स्वेच्छा से वरण किये हुए

परिस्थितियों से हारने लगता है तो अंदर ही अंदर टूटने लगता है। वह तय नहीं कर पाता कि किसके ख़िलाफ़ हिंसा का रास्ता या विरोध करें। उसका अपने से निषेध होने लगता है। वह अपना विरोधी स्वयं होने लगता है। तभी वह पागल होने लगता है। बलदेव खटिक भी पहले संतरी और फिर पागल हो जाता है। इसलिए उसके पागल हो उठने के पीछे की परिस्थितियाँ ही वास्तव में नायक हैं।

प्रश्न उठता है कि कविता की व्याख्या समाज के आधार पर करनी चाहिए या कविता के अंदर से समाज को ढूँढ निकालना चाहिए। छायावाद के सन्दर्भ में नामवर सिंह का विख्यात कथन है कि–'आरंभ में सामाजिक पृष्ठभूमि देकर फिर किसी काव्य-प्रवृत्ति पर विचार करने से कोई बात नहीं बनती। इससे पुस्तक, पाठक और लेखक के साथ ही उस कविता पर भी भार बढ़ता है। सामाजिक सत्य कविता से खोज निकालने की चीज़ है, ऊपर में आरोपित करने की नहीं। काव्यगत सामाजिक सत्य को तत्कालीन सामाजिक आधार के साथ मिलकर देखने का सवाल तो उसके बाद उठता है।' बलदेव खटिक के समय का सामाजिक आधार जो भी रहा हो पर बलदेव खटिक को 'आधार रचना' मानकर हम आधार को अच्छी तरह समझ सकते हैं। ऊपर मैंने कहा है कि परिस्थितियाँ ही इस काव्य का नायक है तो यह बात एकदम सटीक है।

बलदेव खटिक एक संतरी है। वह जानता है कि इस समाज में विद्रोह करने से उसकी गति रंगतू की तरह होगी। रंगतू की तरह उसे जेल में ठूस दिया जायेगा। वह संतरी होने के बावजूद, नहीं जानता कि किसकी रक्षा कर रहा है। यहीं कवि मुखर होता है और कहता है कि–'मेरी समझ से वह केवल टहल रहा है।' नायक को भले ही मालूम न हो पर कवि को मालूम है कि इस व्यवस्था को बनाये रखने में पुलिस और पुलिस जैसी व्यवस्था को बनाये रखने के लिए पहलुओं की ज़रूरत पड़ती है। वे सिर्फ़ आज्ञाओं का पालन करना जानते हैं या उन्हें सिर्फ़ उतना ही सिखाया जाता हैं। लेकिन क्या आदमी उतना ही होता है, जितना दीखता है। नहीं! कर्तव्य बोध के साथ-साथ एक मनुष्यबोध या जिसे हम संवेदना या संवेदनशील कहते हैं, वो भी एक मनुष्य के अंदर होता है। कर्तव्यबोध से जब संवेदनशीलता की लड़ाई होती है तो

बाहरी दबाव से अंदर कुछ टूटता है। शरीर पर लगे हुए घाव भर जाते हैं, पर आत्मा के घाव ताउम्र टीसते रहते हैं। जब रंगतू को थाने लाया गया तभी बलदेव खटिक को–

*"घर से आया हुआ तार दिया गया,*
*तार पर उसकी माँ बीमार थी,*
*लेकिन उसे शाम तक छुट्टी नहीं मिली,*

*पक्का जेल आडर बनवाने तक,*
*वह रंगतू को, रस्सा पकड़े हुए,*
*एक कमरे से दूसरे कमरे में ले जाता रहा,*
*तीन गिलास चाय,*
*और बावन पैसे की बीड़ी के छोरे पहुँचने के बाद,*
*जिस समय झण्डा उतरने का गजर बज रहा था,*
*उस समय रंगतू को कम्बल, कोठरी और नम्बर मिल रहा था,*
*(लेकिन सिपाही की माँ जेब पर मुड़े हुए तार पर छटपता रही थी)*

*जब तीसरे दिन छुट्टी पर,*
*वह अपने गाँव पहुँचा तो उसकी माँ,*
*सुई की नोक पर,*
*अभी झड़ पड़नेवाली,*
*पानी की बूँद की तरह इंतज़ार कर रही थी।"*

यहाँ से कविता टर्न लेती है। यहाँ से कविता रंगतू के बदले, व्यवस्था का क्रूर, अमानवीय चेहरा सामने मनुष्यता, उदारता आदि गुणों से कुछ लेना देना नहीं होता। बलदेब खटिक देखता-भोगता है कि इस व्यवस्था में 'केवल आदमी होना न्यायसंगत नहीं है।' इसलिए वह इस व्यवस्था से विरक्त होता है–

*"लेकिन अपना भविष्य उसे,*
*भीतर ही भीतर ठग रहा था।"*

इस भीतर ही भीतर ठगे जाने से वह इंकार करता है। वह व्यवस्था के भीतर का आदमी है। वह रंगतू को भी देखता है, भीतर से बाहर की तरफ़ और अपने को भी देखता है, बाहर से भीतर की तरफ़ वाली नज़रों से। इसलिए वह चाहकर भी विरक्त नहीं हो पाता। वह देखता है–रंगतू पकड़ा गया, कालकोठरी में डाला गया क्योंकि वह भरपेट खाना चाहता था। उसका मरना तय है। वह व्यवस्था के बाहर का आदमी है। बलदेव की माँ मारी जाती है क्योंकि उन्हें समय से अस्पताल नहीं पहुँचा पाता है वह। क्योंकि अस्पताल की एम्बुलेंस ख़राब पड़ी थी और पुलिसवाले उसे पुलिस गाड़ी देने से इनकार कर देते हैं, जबकि वह व्यवस्था के भीतर का आदमी है। बलदेव साफ़-साफ़ शब्दों में उन्हें अपने आपको उसी विभाग का अंग बतलाते हुए कहता है कि मैं भी पुलिस विभाग का आदमी हूँ । माँ को अस्पताल लाने के लिए थोड़ा पुलिसगाड़ी दे दीजिये। तो पुलिसवाले कहते हैं–

***"पुलिस की गाड़ी अपराधियों को पकड़ने के लिए है,***
***घर पर मरो या अस्पताल में मरो,***
***सड़क पर मरो या श्मशानघाट पर पहुँचकर मरो,***
***मरना कहीं भी अपराध नहीं है,***
***और तुम्हारी माँ का,***
***हमारे पास वारंट नहीं जो हम गाड़ी भेज दें,***
***आख़िर मरनेवाले को कौन पकड़ सकता है?***
***अकसर हमारे पकड़े हुए भी मर जाते हैं।"***

उनका यह कहना इस व्यवस्था में संतरी को उसकी औकात बताना है, क्योंकि दुनिया जानती है कि पुलिस की गाड़ी में पुलिसवाले (अफसर) क्या-क्या करते हैं और संतरी, क्योंकि वह उस व्यवस्था में भी दलित है, इसलिए उसे सारी मानवीयता को ताक पर रखकर तका-सा संवैधानिक जवाब दे दिया जाता है। उसके जिस्म को नहीं, उसकी आत्मा को संविधान मे लिखे शब्दों से छलनी कर दिया जाता है। यह क्रूर व्यवस्था भी रंगतू और बलदेव खटिक से उतना ही क्रूर मजाक करती है। जैसे ग़रीब आदमी अंदर ही अंदर ख़ून का घूँट पीकर रह जाता है, कुछ कह नहीं

पाता। वैसे ही बलदेव खटिक की निरीह कौवों की हत्या कर के फ़रार हो जाता है। जब तक वह संतरी था, तब तक उसकी पहचान पुलिस की संतरी की थी। लेकिन फरार होने पर पहलीबार कवि उसे नाम से पुकारता है। अब वह व्यक्ति है। व्यक्ति विशेष होने से ही व्यवस्था को वह अखरने लगता है। व्यवस्था उसे ख़त्म करना चाहती है। कवि कहता है–

***"अब तक वह संतरी था,***
***अब वह बलदेव खटिक है,***
***'माँ की चूत' इस नौकरी को कहकर वह,***
***माँ, माँ, माँ चिल्लाता हुआ,***
***सीधा हमारे गाँव में घुस आया।"***

यह वही गाँव है, जहाँ से रंगतू को पकड़ा गया है। जहाँ की कहानी कवि लिख रहा है। जहाँ का सब कुछ घटित हो रहा है। यह सिर्फ़ कवि का गाँव नहीं है, यह व्यवस्था द्वारा निर्मित गाँव और वहाँ की परिस्थितियाँ है। जहाँ रंगतू होना आम बात है और बलदेव खटिक होना नियति। ऐसे ही समय में मनुष्य परिस्थितियों का दास हो जाता है। परिस्थितियाँ नायकत्व ग्रहण करती हैं।

जब व्यक्ति के अंदर बहुत गुस्सा हो, लेकिन वह उसे व्यक्त नहीं कर पाता। अंदर ही अंदर उसे दबाकर रखता है। सहता है, पर किसी से कहता नहीं। तब वह गुस्सा एक दिन ज्वालामुखी होकर फटता है। तब वह बलदेव खटिक बन जाता है। इसमें पहले वह एक समतल भूमि था। अब वह ज्वालामुखी है, वह बलदेव खटिक है।

बलदेव खटिक व्यवस्था विरोधी काव्य है। इसके साथ-साथ उसमें सामाजिक चित्रण भी पर्याप्त मात्रा में है। लम्बी कविताएँ सिर्फ़ एक मनोभाव को लेकर नहीं चलती। उससे उनमें एकतामयी होने का खतरा पैदा हो जाता है। यदि वे समाज से सम्पृक्त न हो तो फिर वह एकलाप या प्रलाप में तब्दील हो जाती है। व्यक्ति विशेष की आत्मकथा हो जाती है। बलदेव खटिक इससे इंकार करता है। वह बलदेव खटिक के बहाने रंगतू, घड़ीसाज, दीवान, एक्टर, गुंडे, आम आदमी

जो थाने में दरख्वास्त लिखाने आया है कि कथा को भी बताते चलती है। एक सार्थक लम्बी कविता है। बलदेव खटिक इस कसौटी पर खरी उतरती है। वह मनके में गूँथे हुए माला की तरह सारे चरित्रों को आपस में जोड़े रखती है।

पूरी का जिस लय में लिखी गई है, उससे इसमें निहित व्यंग्य और विडंबना ज़्यादा उत्कृष्टता से सामने आती है। व्यंग्य और विडंबना भी कविताओं में जान ला देते हैं। बलदेव खटिक में भी व्यंग्य की धार पैनी है। बलदेव खटिक अपनी माँ का क्रियाक्रम करके जब ड्यूटी पर आता है, अपना उस्तरा फिरा सर लेकर तो कवि कहता है–

*"उसका उस्तरा फिर सर,*
*किसी फिल्मी गुंडे का सिर लग रहा था,*
*फिल्मवालों को जब गुंडे और हत्यारे,*
*दिखाने होते हैं,*
*तो वे अभिनेता पर*
*आम आदमी का मेकप कर देते हैं।"*

यह फिल्मवालों के बहाने आम समाज व्यवस्था पर प्रहार है। समाज आम आदमी को ही गुंडा मान लेती है। इसलिए ऐसी फिल्में ज़्यादा प्रशंसा प्राप्त करती हैं। ऐसी फिल्मों के नायक गुंडे होते हैं और आम आदमी गुंडे का अभिनय करने लगता है। ऐसा ही एक आम आदमी पुलिस थाने में दीवान के सामने चिचियाता है कि मुझे मारा-पिटा गया है। मेरा बटुआ छीन लिया गया है। वे मेरी लड़की से बलात्कार करेंगे। आप मेरा दर्द पहिले इस काग़ज़ पर दर्ज करो और दीवान रोजनामचे पर हाथ रख ऐसे बैठा है, जैसे रोजनामचा नहीं वह शहर की पीठ हो। फिर अपने होठों को जीभ पर फिराते हुए कहता है:

*"किस कलम से करूँ?*
*चाँदी की कलम से करूँ?*
*सोने की कलम से करूँ?*
*कि लकड़ी की कलम से करूँ?*

*मार खाया हुआ आदमी रिरियाता है,*
*कि क़ानून की कलम से करो,*
*क़ानून की कलम लकड़ी की होती है।*
*दीवान कहता है–कल आना,*
*मगर अपना गवाह भी साथ लाना,*
*और किसी डाक्टर से यह भी लिखवा लाना,*
*कि तुमने मार खायी ही खायी है...”*

यह हमारे समय की विडंबना नहीं तो क्या है? कि मार खाए हुए आम आदमी को अपना गवाह और सबूत अपने साथ लेकर आना है रोजनामचा लिखवाने के लिए और वह भी दूसरे दिन। तब तक उसकी लड़की की अस्मत लुट चुकी होगी। उसकी हत्या भी हो चुकी होगी। हत्यारे फ़रार होने के बदले, दूसरी हत्या के लिए निकल चुके होंगे। तब दीवान लकड़ी की कलम से उस आम-आदमी का रोजनामचा लिखेगा, वह भी तब जब डॉक्टर का पुर्जा और गवाह साथ होंगे।

इस लम्बी कविता में ऐसे कई दृश्य हैं जो आपको झकझोरते हैं और व्यवस्था की क्रूरता को इतिहास की तरह प्रस्तुत करते हैं। ऐसे ही समय में फ़िल्मी पर्दे पर नायक, नायिका को प्यार करते हुए दिखता है। यह कितना विरोधाभासी समय है कि फिल्में जो कला की चरम परिणति हैं। झूठ को सच की तरह दिखलाती है और लोग देखते भी हैं। ऐसे समय में कोई भी बलदेव खटिक में तब्दील हो सकता है और बड़बड़ाने लग सकता है–

*“हरेक औरत से पूछता है तुमकों क्या बीमारी है?*
*अस्पताल तक पैदल चलो। गाड़ी ख़राब है,*
*बच्चों से कहता है–लाओ मेरी लकड़ी की कलम,*
*मैं फ़ैसला लिख दूँ।”*

यह बड़बड़ाना व्यवस्था को ठीक न कर पाने की लाचारी है। बलदेव खटिक ही नहीं, इससे आम जनता त्रस्त है। हरेक आम आदमी इस व्यवस्था में पिसकर

या तो रंगतू बनने के लिए अभिशप्त है या फिर बलदेव खटिक या फिर कवि जिस तरह आशावादी है–

*"यह केवल अफ़वाह नहीं,*
*(बल्कि ज़िंदा होने की नयी शर्त है।)*
*कि देश में कुछ लोग,*
*पेट से ही पागल होकर आ रहे हैं,*
*लेकिन वे जब फ़ायर करेंगे,*
*तो यह तय है कि,*
*इस बार कौवे नहीं मरेंगे।"*

अर्थात् इस बार व्यवस्था बदलेगी। व्यवस्था बदलने की वकालत करते हुए ये कविता ख़त्म होती है। व्यवस्था बदलने की वकालत करने वाला अकेला आदमी, व्यवस्था की निगाह में अपराधी हो सकता है, कवि की निगाह में नहीं। अब आपको तय करना है कि आप किस तरफ़ हैं। एक जगह कवि कहता भी है–

*"आप लोग अपनी परवाह करें,*
*अपने बच्चों की जाँच करवायें।"*

आप उन्हें क्या बनाना चाहते हैं? ख़ुद क्या बनना चाहते हैं? इसी प्रश्न के साथ कवि और बलदेव खटिक वापस कविता में लौट जाते हैं।

# मुक्ति के स्वप्न का महाआख्यान–समरगाथा

अशोक कुमार पाण्डेय

अपनी राजनीतिक प्रतिबद्धता को एक सटल विट और जीवन के बेहद मामूली लगने वाले अनुभवों के सहारे बड़ी कविता में तब्दील कर देने वाले राजेश जोशी अस्सी के दशक के सबसे महत्त्वपूर्ण कवियों में से हैं। अस्सी का दशक यानि भारतीय और विश्व राजनीति का एक विशिष्ट संक्रमण काल जिसकी जड़ें सत्तर के तूफ़ानी वर्षों में थीं, जब आज़ादी के बाद के असंतोष का नक्सलबाड़ी में हुआ संघनित विस्फोट अपने 'वसंत के बज्रनाद' से पूरे भारतीय परिदृश्य को अनुगूँजित किये हुए था। इसकी चिनगारियाँ और वैचारिक स्फुल्लिंग देश के उन हिस्सों में भी अपना प्रभाव दिखा रहे थे, जो ऊपर से शांत और अप्रभावित दिखाई देते थे। स्वाभाविक है कि इसका स्पष्ट और गहरा प्रभाव हिंदी कविता पर पड़ता, जो अपने आरंभिक चरण से ही औपनिवेशिक शासन और उसकी भाषा के बरअक्स एक दमित जन समुदाय की भाषा के रूप में (इसमें उर्दू को भी अनिवार्य रूप से शामिल करना होगा जो अपने वर्तमान स्वरूप में लगभग हिंदी के साथ साथ ही विकसित हुई है।) विकसित हुई और परिणामस्वरूप इसके मुख्यधारा के साहित्य का प्रमुख स्वर प्रतिरोध का रहा, जिसमें अपनी तमाम सीमाओं के बावजूद आम जन के प्रति पक्षधरता मुखर रही। 1936 में सज्जाद ज़हीर और उनके साथियों की पहलकदमी से स्थापित प्रगतिशील लेखक संघ की स्थापना के बाद यह स्वर वामपंथ की आँच में रवाँ होकर और अधिक प्रखर, सघन तथा तार्किक और इस तरह प्रभावशाली हुआ। कविता के क्षेत्र में निराला, मुक्तिबोध, शमशेर, नागार्जुन, त्रिलोचन, केदारनाथ अग्रवाल, चन्द्रकांत देवताले, रघुवीर सहाय से लेकर समकालीन कविता तक

तमाम उतार-चढ़ावों के बावजूद "जनपक्षधरता" आज भी हिंदी कविता की एक अनिवार्य लाक्षणिकता बनी हुई है। इसलिए जब सत्तर के दशक में जब क्रांति का रूमान और सशस्त्र विद्रोह का आह्वान अपने चरम पर था, तो दूसरी भाषाओं के साथ हिंदी कविता में भी उसकी अनुगूँजें सुनाई दीं। चंद्रकांत देवताले अकविता के प्रभाव को पूरी तरह पीछे छोड़कर उस दौर में 'भूखण्ड तप रहा है' जैसी कविता लिख रहे थे, गोरख पाण्डेय जैसे कवि 'कैथरकलाँ की औरतें' लिख रहे थे, क्रांतिकारी जनगीत लिख रहे थे, तो आलोक धन्वा जैसे कवि ने तो 'जिलाधीश' सहित अपनी सभी महत्त्वपूर्ण कविताएँ इस दौर में ही लिखी हैं। ऐसे घोषित वामपंथी कवियों को छोड़ भी दें, तो वैचारिक स्तर पर वामपंथ के विरोधी लोहियावादी समाजवादी धूमिल को भी तनी हुई मुट्ठियों का नाम नक्सलबारी सुनाई दे रहा था।

इस दौर की हिंदी कविता पर शिल्प और कथ्य दोनों स्तरों पर दूसरा सबसे महत्त्वपूर्ण प्रभाव मुक्तिबोध का था। अपनी लम्बी और गहन तनाव के महीन लेकिन दृढ़ तंतुओं से बुनी कविताओं से समकालीन राजनीतिक-सामाजिक विडम्बनाओं से उनके भूमंडलीय आयामों की जड़ में जाकर टकराते, जूझते, घायल होते मुक्तिबोध आज भी हमारी भाषा के किसी कवि के समक्ष एक चुनौती की तरह उपस्थित होते हैं, लेकिन उस दौर में वह अभी-अभी कविता के रंगमंच से विदा हुए थे। उनकी आवाज़, उनकी बीड़ी की महक, 'आपकी पॉलिटिक्स क्या है पार्टनर' का उनका सवाल सब जैसे एक सम्मोहन की तरह उपस्थित थे। अब वरिष्ठ हो चले और अपनी अलहदा काव्य भाषा तथा शैली विकसित कर चुके तमाम कवियों की उस दौर की कविताओं पर यह असर साफ़ दिखाई देता है, तो मलय जैसे कवि आजीवन उस असर से बाहर निकल ही नहीं पाए। यहाँ तक कि तुषार धवल या सौमित्र जैसे एकदम युवा पीढ़ी के अनेक कवि भी जब लम्बी कविता लिखते हैं तो मुक्तिबोध के प्रभाव से बचना आसान नहीं होता।

इसके अलावा हिंदी साहित्य उन दिनों पश्चिम और दुनिया के अलग हिस्सों में चल रहे आंदोलनों से भी अछूता नहीं रह सकता था। वह दौर योरप और लैटिन अमेरिका सहित तमाम देशों में भारी उथल-पुथल वाला दौर था। चिली में

अमेरिकी साम्राज्यवाद के समर्थन और सहयोग से आयंदे का तख्ता पलट दिया गया, क्यूबा में फिदेल के नेतृत्व में कुछ साम्राज्यवाद विरोधी नौजवानों ने सत्ता पर कब्ज़ा किया और उसे एक समाजवादी देश बनाने की दिशा में आगे बढ़े, अमेरिका में सी.आई.ए. साहित्य और संस्कृति के क्षेत्र में लगातार अपने हस्तक्षेप बढ़ा रहा था और समाजवाद समर्थक कलाकारों और लेखकों को बहिष्कृत किया जा रहा था। वैसे यह नया नहीं था। रूसी क्रांति के बाद के दौर ने पूरी दुनिया को उद्वेलित किया था। ख़ासतौर पर लेखकों और बुद्धिजीवियों के बीच समाजवाद एक विकल्प और प्रेरणास्रोत के रूप में सामने आया था। समाजवादी यथार्थवाद ने उन्हें आम जनता के दुःख-दर्द और उनसे मुक्ति के लिए संघर्ष की राह दिखाई थी। पूँजीवादी विश्व के भीतर भी लेखकों, कलाकारों, फिल्मकारों और विचारकों के बीच मार्क्सवाद बेहद प्रचलित होता जा रहा था। राजनीतिक और आर्थिक क्षेत्र में प्रभुसत्ता जमाये पूँजीपति वर्ग के लिए यह ख़तरे की घंटी थी। उसके लिए इसे बर्दाश्त करना मुमकिन न था। आरंभ में दमन के सारे प्रयास किये गए। रूसी क्रांति के तुरन्त बाद 1918 में अमेरिका में ओवरमैन कमिटी बनी थी जिसका काम अमेरिका के भीतर बोल्शेविक तत्त्वों की निगरानी था। इसी क्रम में 1938 में बनी अमेरिका की कुख्यात 'हॉउस कमिटी आन अन-अमेरिकन एक्टिविटीज़' का इतिहास सब जानते हैं जिसने वामपंथ की ओर झुकाव रखने वाले तमाम कलाकारों, लेखकों और बुद्धिजीवियों को काली सूची में डाल दिया, मुक़दमें चले और सज़ाएँ भी हुईं। चार्ली चैपलिन, आर्सन वैलेस, पाल राबसन, बर्तोल्त ब्रेख्त जैसे तमाम लेखकों/ कलाकारों को अमेरिका छोड़ने पर मज़बूर कर दिया गया तो बिंबर्मैन, डैशियल हेमलेट जैसे कितने ही कलाकार जेलों में सड़े। लेकिन इस दमन के बावजूद पूँजीवादी शोषण के ख़िलाफ़ जनता की राजनीतिक चेतना अमेरिका में ही नहीं पूरे योरप और तीसरी दुनिया के देशों में लगातार बढ़ती गई और मज़दूरों, किसानों और छात्रों के आंदोलन विस्तारित होते गए। योरप का अवांगार्द आंदोलन हो, लैटिन अमेरिका का जादूई यथार्थवाद हो या गिन्सबर्ग की कविताओं के प्रभाव में बंगाल में उभरी भूखी पीढ़ी, इन सबका असर हिंदी कविता पर अपने-अपने तरीके से पड़ रहा

था। गिन्सबर्ग के साथ जोसे मार्ती, रूबेन दारियो, जेम्स जायेस, नाज़िम हिक़मत, पाब्लो नेरुदा, एजरा पाउंड से लेकर मलय राय चौधरी तक हिंदी कविता के लिए न केवल परिचित नाम थे बल्कि इसे गढ़ और रच रहे थे। इन सबके द्वंद्वात्मक प्रभावों से हमारी कविता अपना आकार ग्रहण कर रही थी, जो अस्सी के दशक तक आते-आते राजेश जोशी, मंगलेश डबराल, पंकज सिंह, वीरेन डंगवाल, मनमोहन, अरुण कमल जैसे कवियों के साथ एक मुकम्मल चेहरा हासिल करती है। 'समरगाथा' इसी संक्रमण काल की कविता है। जिस राजेश जोशी को हम जानते हैं, वह दरअसल इसके बाद के कवि हैं। यह लम्बी कविता भविष्य के राजेश जोशी को गढ़ने की प्रक्रिया में जन्मी कविता है जिसमें वे बीज और वे प्रक्रियाएँ तथा वैचारिक आलोड़न स्पष्टतः रेखांकित किये जा सकते हैं।

## (दो)

'समरगाथा' का रचनाकाल 1975-76 का है। भारत में आपातकाल का दौर, नक्सलबारी के उतार का दौर, वामपंथी राजनीति में एक विभ्रम काल के आरंभ का दौर, कवि राजेश जोशी का एकदम आरंभिक रचनाकाल, 1977 में पहल की जनवादी सीरीज़ में पुस्तिका रूप में प्रकाशित होने के बाद 2012 में भोपाल के 'पहले पहल' प्रकाशन द्वारा प्रकाशित संस्करण की संक्षिप्त भूमिका में उन्होंने इस कविता के उत्स के रूप में दो कारकों का ज़िक्र किया है–पहला, एक प्राचीन यूनानी कहानी 'गोल्डन फ़्लीज़ की खोज' और दूसरा वेणुगोपाल की संगत। ध्यातव्य है कि उन दिनों अपने नक्सल प्रभाव की कविताओं के कारण हैदराबाद से निष्कासित होकर वेणुगोपाल भोपाल में रह रहे थे और उन्होंने वहाँ की साहित्यिक फिज़ा को अपनी तरह से प्रभावित किया और प्रभावित हुए भी। इसी भूमिका में आगे उन्होंने एक ओर आक्रामक स्वर वाली कविताओं तो दूसरी ओर मुक्तिबोध की लम्बी कविताओं की 'फंतासी के जादू' का भी ज़िक्र किया है, जिसकी मैंने पहले ही विस्तार से चर्चा की है।

यह कविता 12 खण्डों में विस्तारित है। पूरी कविता मनुष्यता के ऐतिहासिक विकास क्रम और उसमें शोषण के नए-नए औजारों के विकास तथा उसके

ख़िलाफ़ आम जन के विद्रोह की महागाथा को काव्यात्मक रूप में दर्ज़ करती चलती है। कविता में सुनहरी जुओं को एक प्रतीक की तरह लिया गया है जो संभवतः उसी चीनी कहानी से प्रेरित है जिसका ज़िक्र राजेश जी अपनी संक्षिप्त भूमिका में करते हैं। इस प्रतीक का जो राजनीतिक अर्थ है, वह जुओं के परजीवी होने से है। मनुष्य के श्रम के अधिशेष को लूटकर, उसके सांस्कृतिक-सामाजिक-आर्थिक शोषण के ज़रिये पूँजी का साम्राज्य खड़ा करने वाले वर्ग को मुक्तिबोध ने भी 'रक्तपायी वर्ग' ही कहा था। राजेश जोशी भी इस कविता में उन्हें इसी अर्थ में सुनहरी जुओं के प्रतीक से दिखाते हैं। कविता का फ़ार्म आख्यानात्मक है, क़दम दर क़दम इतिहास से भविष्य की ओर चलता हुआ। इसका एक-एक रेशा प्रतिबद्धता और मनुष्य की अदम्य जिजीविषा में अनाहत विश्वास से बुना हुआ है। थोड़ा और स्पष्ट कहें तो यह मार्क्सवादी चिंतन पद्धति से प्रभावित ही नहीं संचालित भी है, जिसमें आदिम कम्यून की सर्वसमावेशी तथा बराबरी वाली व्यवस्था से आज के पूँजीवादी समाज के सफ़र की द्वंद्वात्मक विवेचना करती है। शिल्प के स्तर पर कविता में कुछ प्रयोग हैं, जो कई बार इसे गति देते हैं तो कई बार अतिरिक्त भी लगते हैं और इस तरह कविता के प्रवाह को बाधित भी करते हैं। असल में, कोई 54 पेज़ लम्बी यह कविता इतनी गहन और अर्थसघन नहीं हो पाती कि इस लम्बी यात्रा का काव्य रूपांतरण करते हुए पाठक को न सिर्फ़ साथ ले चले, बल्कि उसे उस यात्रा के तमाम गिरि-गह्वरों से गुज़रते हुए कुछ रोशनियों के नए ठिकाने तथा अंधेरों के अनचीन्हे पते दे सके। कवि अभी उतना परिपक्व नहीं हो सका है कि अपने आवेगों को नियंत्रित कर सरल से लगने वाले वाक्यों को मारक अर्थवत्ता से भर दे। यह मुश्किल कला राजेश जोशी के पास बाद में आती है और उन्हें एक ऐसे कवि में तब्दील कर देती है जिसकी सादगी धोखादेह है और जो 'मारे जायेंगे' जैसे रेटरिक को अपनी सहजता से एक प्रतिरोधी युगसत्य में तब्दील कर देता है, तो बच्चों के काम पर जाने या जुलूस में स्त्रियों के होने जैसे आम दृश्यों के सहारे हमारे समय की जटिलतम विडम्बनाओं को रेशा-रेशा खोल कर रखते हुए पाठक को आंदोलित कर देता है। इसके बरअक्स यह कविता राजनीतिक चेतना के उद्वेग

से निकली एक विद्रोही युवा की तरल काव्य अभिव्यक्ति है जो अपनी पूरी ताक़त से अपनी जनता के साथ खड़ा है और जनता के प्रति अपना प्रेम तथा शोषकों के प्रति अपनी घृणा को स्पष्टतम शब्दों में व्यक्त कर देने की ईमानदार बेकाली से भरा है।

## (तीन)

कविता का आरंभ 'सुनहरी जुओं के संहार के शुभ मुहूर्त' से होता है। पहला खण्ड जैसे किसी प्रयाणगीत या फिर नान्दी की तरह है। संघर्षशील जन अपने 'ख़ून में झनझनाते इस्पात के जोर से' धरती को झंकृत किये हुए है। बलि के उन्मादी गान बज रहे हैं। मुक्ति का सुर्ख परचम लिए मुक्तियोद्धा अपने युद्ध पथ पर निकल चुके हैं और रौशनी की एक नई किरण दिख रही है।

ज़रा ठहर के सोचें कि 1972-73 के आसपास कवि यह प्रयाण कहाँ देख पा रहा है? अपनी विश्व चेतस दृष्टि के बावजूद पूरी कविता में जो बिंब, प्रतीक और दृश्य चुने हैं उन्होंने वे सब विशुद्ध भारतीय हैं। ज़ाहिर है वह जिस आसन्न युद्ध को वर्तमान के संघर्षों की रौशनी में देख पा रहा है, वह वही है जिसे बल्ली सिंह चीमा 'ले मशालें चल पड़े हैं लोग मेरे गाँव के' कह रहे थे। 'मिट्टी के आँगन में नौरता मांडती' जिस 'आदिवासी धूप' में 'डगर...डगर...डम...डम...डम' की नगाड़े की थाप वह सुन रहे हैं। वह नक्सलवादी आंदोलन के सशस्त्र क्रांति की रणभूमि बिहार और बंगाल के आदिवासी इलाक़े ही हैं। 71 में हुई चारू की हत्या के बावजूद उस दौर में सशस्त्र क्रांति की आग अभी धधक रही थी और उस रौशनी में कवि अगर मुक्ति के स्वप्न देख रहा था तो यह उस युवा उत्साह के बरअक्स स्वाभाविक ही है। हालाँकि एक सचेत निगाह उस दौर तक तो नक्सलवादी आंदोलन की अवश्यंभावी तात्कालिक पराजय और मुक्ति के दशक के स्वप्न को बिखरता देख ही सकती थी। बाद के वर्षों में राजेश जी की राजनितिक पक्षधरता जलेस के साथ रही है, लेकिन इस कविता के रचना के समय उन पर जो नक्सलवादी प्रभाव था, वह बिलकुल आरंभ में ही स्पष्ट है।

इस प्रयाणगीत या नान्दी के बाद कविता इतिहास की अपनी यात्रा आरंभ

करती है...सुनहले इतिहास की यात्रा जहाँ धरती पर सोने का पहाड़ है और विशाल पंख फैलाए स्वर्ण हंस श्रमशील मनुष्यों के पसीने पर मोती चढ़ाता है। इस खण्ड में वह आदिम कम्यून का एक दृश्य चित्र गढ़ते हैं और दूसरे ही उपखण्ड में वर्तमान के त्रासद यथार्थ के बरअक्स उन सुनहरे दिनों को देखने की कोशिश करते हुए निराश भी होते हैं। उन सुनहरे दिनों के एक स्वप्न भर में तब्दील हो जाने का दुःख। वे दिन जो जन की कथाओं में उनके गीतों में संरक्षित रहे। वे दिन जब मनुष्य ने हिंसक पशुओं से ख़ुद को बचाना सीखा और अपने पहले आविष्कारों के सहारे प्रकृति की मुश्किलात का सामना करते हुए जीवन को सुंदर बनाने की दिशा में कदम बढ़ाए। जब श्रम से वह वानर से नर (नारी भी) तक की यात्रा पर निकला और उसने अपने पहले स्वप्न देखे। सरल और सहज स्वप्न जिनमें जीवन के उल्लास थे, उमंग थी और कला तथा ज्ञान की राह पर चल पड़ने की उत्कंठा। उस सामूहिक स्वप्न में जहाँ 'सब लोग सब लोगों के लिए' निकलते थे और प्रकृति का जो वैभव था, मनुष्य के श्रम से अर्जित जो उपलब्धियाँ थीं, वे किसी की निजी संपत्ति नहीं बल्कि जो था वह 'सबका था...सबके लिए था।'

विचार और वैचारिक प्रस्थापनाओं को कविता में ढालने की अपनी सुविधाएँ होती हैं तो अपनी समस्याएँ भी। इस खण्ड में भी यह समस्या तो है ही। अपनी निर्मिति में आदिम कम्यून से सामन्तवाद के ठीक पहले तक की यात्रा करता यह खण्ड पढ़ते ऐसा लगता है कि निजी संपत्ति का जन्म अनाजों की खोज, कृषि के विकास के आरंभिक दौर, पीतल और इस्पात जैसे खनिजों की खोज, नमक-तेल के भोजन में प्रयोग और वस्त्र (यहाँ तक कि रेशमी वस्त्र भी) निर्माण के दौर के बाद हुआ। जबकि इतिहास बताता है कि निजी संपत्ति इनसे पहले जन्म ले चुकी थी। मानव बस्तियाँ बनने के साथ निजी संपत्ति ही अस्तित्व में नहीं आई बल्कि प्राक सामन्ती कबीलाई समाज में भी शोषण के तंत्र विकसित हो चुके थे। लिपियों और भाषाओं के स्वप्नों के बहुत पहले मनुष्य और मनुष्य के बीच असमानता के बीज घने वृक्षों में बदलना शुरू कर चुके थे। इस्पात की खोज और रेशमी वस्त्रों के चलन का दौर तो इसके बहुत बाद का है। औरत की ग़ुलामी का दौर भी इसी वक्फे में शुरू होता है, लेकिन कवि की दृष्टि वहाँ तक नहीं जा

सकी है। स्त्रियाँ इस कविता में स्थान पाती हैं, लेकिन आगे। जबकि एंगेल्स की जिस किताब 'परिवार, निजी संपत्ति और राज्य का उद्भव' से यह सैद्धांतिकी जन्म लेती है, उसे भी अगर देखें तो स्त्री को घरों में क़ैद कर उसके श्रम का शोषण और उसकी यौनिकता पर नियंत्रण के साथ दोयम दर्जे के नागरिक में बदल देने की इतिहास की सबसे भयानक त्रासदी तो सामन्तवाद के आने के बहुत पहले घट चुकी थी। उसे इस एतिहासिक प्रक्रिया में आना ही चाहिए था। पॉलिटिकली करेक्ट होने की तमाम कोशिशों के बीच इस तथ्य को नज़रअंदाज़ करना वामपंथी आंदोलन के भीतर जेंडर को लेकर अपेक्षित संवेदनशीलता की कमी का परिचायक ही है।

तीसरे खण्ड में कवि ने शोषक वर्गों के उदय के लिए 'चीते से नुकीले नाख़ून वाले उलटे पंजे की जादूगरनी' का प्रतीक इस्तेमाल किया है। इस पूरे खण्ड में जो बिंब विधान है, वह गौर से देखने पर प्रतिगामी-सा लगता है। एक तो उलटे पैरों वाली जादूगरनी की पूरी परिकल्पना ही भारतीय मिथकेतिहास में मुक्त स्त्रियों के विलेनीकरण की ब्राह्मणवादी साजिश है, उस पर से 'पूर्वजों और देवताओं को न्यौतने के लिए आकाश तक भेजे जाने वाले पीले चावल के लिए लगी नसेनी (सीढ़ी) से एक अपसकुनी आवाज़' का पूरा दृश्य इन ब्राह्मणवादी प्रतीकों को सेलिब्रेट-सा करता लगता है। मिथकों के प्रयोग के ख़तरों पर बहुत बातें हुई हैं। यहाँ जहाँ एक वैज्ञानिक इतिहासबोध के साथ भविष्य के मुक्ति संघर्ष का आख्यान रचा जा रहा है, तो इसे लेकर और सावधान होने की आवश्यकता थी। कवि की नीयत को प्रश्नांकित न करते हुए मैं इन प्रतीकों की उस ताक़त को पहचानने और उससे सावधान रहने के प्रति सचेत ज़रूर करना चाहूँगा, जो एक परम्पराद्रोही जनवादी कवि की पारम्परिक चेतना का उपयोग भी अपने पक्ष में कर लेती है। याद रखना होगा कि मिथकीय बिंब-प्रतीक प्रगतिशील कवि की चेतना की माप के लिए बैरोमीटर हैं। सावधानी हटी तो आप प्रयोग करने की जगह प्रयोग हो जाते हैं। हालाँकि आगे वह लोहा बजने की ध्वनि को अशुभ मानने की मान्यता के स्रोत की तलाश भी करते हैं, जो असल में युद्ध में तलवारों के टकराने या हथकड़ी-बेड़ियों की आवाज़ों के

चलते अशुभ मानी जाती हैं। युद्ध से अशुभ और क्या होगा मनुष्य के इतिहास में और बंदी होने से अधिक बड़ी और कौन-सी पीड़ा होगी? शोषण के पहिये इन्हीं औज़ारों के भरोसे गतिमान होते हैं और मनुष्य के अस्तित्त्व और उसकी चेतना को घायल करते-करते उसके भविष्य के स्वप्न तक छीन लेते हैं। खौफ़ की परछाईयाँ 'हथेलियाँ खोलते नवजात शिशु' की निश्छल आँखों में कालिमा भर देती हैं। सामंती शोषण की यह विभीषिका समय के साथ नए आकार लेती है। बाज़ार और नए इलाकों की तलाश में निकले कथित सभ्य जन मनुष्य के शारीरिक और मानसिक श्रम की उपज जहाज़ और उन्नत हथियार लिए नई-नई बस्तियों में जाते हैं और वहाँ के सीधे-साधे मूलनिवासियों का समूल नाश कर देते हैं। अमरीका से ऑस्ट्रेलिया और अफ्रीका से हिन्दुस्तान तक के इतिहास पर इस सभ्य हिंसा के तीखे दाँतों और ज़हरीले नाख़ूनों के निशान अब तक नहीं मिट सके हैं। ये सुनहरी जुएँ (संभवतः योरपीय निवासियों के पीत गौर वर्ण के चलते राजेश जोशी ने यह प्रतीक लिया है) उस स्वर्ण मृग को, प्रकृति की अथाह निधि को लूटने के लिए अमानुषिक हिंसा की किसी भी सीमा को लाँघने में नहीं हिचकतीं। लोभ और लालसा से संचालित यह लूट मनुष्यता के इतिहास के सबसे काले पन्नों में से एक है। पश्चिम का जो विकास हुआ वह इन्हीं 'असभ्य' इलाकों की बेशर्म और क्रूर लूट के दम पर। इस त्रासदी का विवरण देते हुए जो आवेग और लय है, इस खण्ड में वह उस पीड़ा को उसकी पूरी सघनता और संबद्धता से सामने लाता है–

> ***"ताड़ के पत्तों वाली छत से,***
> ***फूटता धुआँ नहीं था,***
> ***अन्न और पानी की गंध नहीं थी,***
> ***नहीं थी मिर्च मसालों की धांस,***
> ***सिल लुढीया का संगीत नहीं था,***
> ***ज़ुबान कटे पेड़, पंख कटी हवाएँ,***
> ***पाला खायी फ़सल की काली धूप,***
> ***भूख और मौत की काली छाया थी,***

*सरों पर नाचती हुई।"*

और 'सुनहरी जुएँ थीं जबड़ों में जिनके/आदमी के ख़ून का स्वाद लग गया था।' शोषण की चक्की को अब गति मिल गई थी। पूँजीवाद ने मनुष्य के श्रम के शोषण को सांस्थानिक बना दिया। 'सिंहासन का निर्माता रफ़्ता-रफ़्ता कुंदा हो गया', उसका बनाया चीता उसे ही निगल कर क्रूर अट्टाहास कर रहा है। अपनी लाचारगी को समझता और उसकी गाथा कहता मनुष्य इस कविता में कवि की भाषा का सबसे उच्चतम रूप पाता है, इस खण्ड में। यहाँ इतिहास सरल रेखीय नहीं रह गया, बल्कि शोषण की पूरी प्रक्रिया में श्रमशील मनुष्य की लाचारगी, उसका गुस्सा और उसकी तड़प पहाड़ी नदी से आवेग और बहाव के साथ दर्ज़ होती है और कवि की वैश्विक चेतना अपना स्वर पाती है–

*"हाँ मैं, मैं ही हूँ निर्माता उस सिंहासन का,*
*आकर बैठती थीं जिस पर वे सुनहरी जुएँ,*
*स्वयं को ईश्वर का प्रतिनिधि कहतीं,*
*ईश्वर का आदेश कहतीं अपनी आवाज़ को।"*

*"ईश्वर! चारों ओर जिसके,*
*अंधी आस्थाओं का अँधेरा था,*
*जिसकी पीठ पर हल होता है शोषण का गणित,*
*और पुख्ता होता है पाया सत्ता का।"*

*"मैं गवाह हूँ,*
*साँप के विष दंश का, चन्दन वन के असामयिक निधन का,*
*पर्सीपोलिस और नालंदा से उठती नीली अग्नि जिव्हाओं का,*
*जंगल के घावों का, रथ के धब्बों का, उखड़ी हुई नालों का,*
*हवा में हिरन की बलि का, कुणाल की आँखों का।"*

*"गवाह हूँ महराबदार ऊँचे प्रासाद में,*
*युद्ध और योनि के उन्माद में डूबी,*

*सुनहरी जुओं का।"*

*"लेकिन नहीं रुका, नहीं रुका, नहीं रुका सिलसिला,*
*नीली पड़ती रही देह, लपलपाते रहे, बिजलियों के कोड़े,*
*गरदनें कटती रहीं, गिलोतिनें गिरती रहीं,*
*क्रूरता के मस्तिष्कहीन सर में उगे नए सींग,*
*फिर से टटोली गयीं पूँछ की हड्डियाँ आदमी की देह में।"*

इस तरह कविता देशकाल की सीमाओं की यात्रा करती है और मनुष्य की पीड़ाओं का एक महाआख्यान रचती है। इस प्रक्रिया में वह शोषण के अनेकानेक रूपों की पहचान करते हैं। यहीं वह मानवता के इतिहास के सबसे क्रूर और सांस्थानिक बना दिए गए स्त्री के शोषण और उस पर हुए अत्याचारों तक पहुँचते हैं, तो भारत में जाति प्रथा के नाम पर दलितों के साथ हुए ऐतिहासिक अन्याय पर भी सवाल खड़े करते हैं। 'किसान औरत की गरदन पर चढ़ा दिए गए जुए' से आगे बढ़ते हुए वह 'अगला प्रश्न पूछने से रोक दी गई (गार्गी) दर्शन और न्याय से अवमूल्यित स्तन और योनि में परिभाषित' स्त्री तक की बात करते हुए वह इतिहास के तमाम पड़ावों की यात्रा करते हैं। इसी यात्रा में जेंडर के साथ नस्ली भेद और इसकी कोख से जन्मे अत्याचार भी सामने आते हैं, जहाँ वह दास प्रथा से लेकर जातिवाद और हिटलर के जर्मनी के नस्लवाद के बीच एक कड़ी स्थापित कर पाते हैं। लेकिन यह कहे बिना बात पूरी नहीं होगी कि कम से कम भारत के संदर्भ में जातिगत शोषण का सवाल भी स्त्री के शोषण की तरह ही जिस विस्तार से इतनी लम्बी कविता में आना चाहिए वह नहीं है, हाशिये के संघर्ष हाशिये पर ही रह गए हैं।

अगले खण्ड में वह वर्तमान समाज की चीर-फाड़ करते हैं और एक जनपक्षीय कवि की तरह पूँजी का प्रपंच, बाज़ार के विनाशकारी खेल, धर्म की मनुष्यविरोधी भूमिका और लोकतंत्र की आड़ में पल रहे जनविरोधी तंत्र की पड़ताल में संलग्न होते हैं। वह देख पाते हैं कि किस तरह इन मनुष्यविरोधी

ताक़तों के संयुक्त उपक्रम ने मनुष्य के भीतर की सारी आग को छीनकर उसमें डर भर दिया है–

*"यह भाषा, भाषा नहीं एक चमचमाता चाकू है,*
*जो जूट काटते काटते कटता है,*
*ज्ञान और संवेदना की शिराएँ,*
*बाँटता है आदमी को हिस्सों में,*
*और हमारे अंदर उड़ती चिड़ियें चुरा ले जाता है,*
*और बंद कर देता है हवा और धूप में खुलती,*
*हर खिड़की।"*

वर्ग विभक्त समाज में सत्ताधारी बुर्जुआ वर्ग सभी हथियारों का उपयोग कर आम जन को आधुनिक गुलामों में तब्दील कर देता है। उसके प्रतिरोध की सारी ताक़त छीन लेता है। आदमी और आदमी के बीच एक ऐसी खाई पैदा कर देता है कि श्रमिक अलगाव का शिकार होता है और इस खेल से 'फैला देता है अंधकार, घटाटोप अंधकार, कि हाथ को हाथ न सूझे।' 'शांति, जनतंत्र, स्वतंत्रता, राष्ट्रप्रेम, उत्पादन, उद्योग, कृषि, कारोबार' सब लूट के तंत्र के हथियार में बदल जाते हैं। सारी व्यवस्था पूँजी की रक्षक बन जाती है और आश्चर्यजनक है कि उस समय ही भविष्य को साफ़ देख पा रहे राजेश जोशी देख पाते हैं कि कैसे जनता की सुरक्षा के नाम पर किये गए इंतज़ामात उनकी जासूसी करने वाले उपकरण में तब्दील हो जाते हैं। हर मनुष्य व्यवस्था के लिए एक संभावित विद्रोही है। पूँजी हर उस व्यक्ति के प्रति सशंकित है जिसका जीवन उसने दूभर कर दिया है। लोकतंत्र के पवित्र बाने तले जनता के दमन का यह सिलसिला अबाध रूप से चलता रहता है। जुएँ अब भी उतनी ही सुनहरी हैं और उतनी ही क्रूर, उतनी ही रक्तपायी, बस उन्होंने चोले मानवीय पहन लिए हैं और उदार दिखने वाली संरचनाओं के साथ अब वह नाभिनालबद्ध हो चुकी हैं। संकट के समय ये अपनी उदारता के चोले उतार फेंकती हैं और हर हाल में उनका रक्तपान निरंतर चलता रहता है।

लेकिन इन सब तानों-बानों के बीच जनता का कवि सचेत रहता है। यही उसका युगधर्म है, उसके कंधे पर रखी इतिहास की ज़िम्मेदारी। वह उन जगहों पर अंगुली रखता रहता है, जिन्हें स्पर्श करने की मनाही है। वह समाज में सहज मान लिए गए नियमों को प्रश्नांकित करता है। वह अँधेरी सुरंगों की पहचान करता रहता है ख़तरे उठा के भी। वह कबीर की तरह 'एक रकत से सबहीं बने हैं, को बाभन को सूदा' पूछता है, निराला की तरह 'अबे सुनबे गुलाब' की तीखी और स्पष्ट हुंकार भरता है और अपने असुविधाजनक सवालों के साथ उपस्थित रहता ही है। सातवें खण्ड तक आते-आते कविता अपने चरम पर पहुँचने लगती है। इस खण्ड का पूरा शिल्प किसी जनगीत-सा है। किसी क्रुद्ध सामूहिक गान-सा–

*"आदमी आदमी भूखा था अन्न कहाँ गया,*
*आदमी आदमी प्यासा था पानी कहाँ गया,*
*बच्चा बच्चा बिलखता था दूध कहाँ गया,*
*बच्चा बच्चा उदास था गुब्बारा कहाँ गया,*
*किताबें कहाँ गयीं काग़ज़ कहाँ गया,*
*चित्र कहाँ गए संगीत कहाँ गया,*
*ख़ुशी कहाँ गई नृत्य कहाँ गया,*
*कहाँ गया कहाँ गया,*
*कहाँ गया कहाँ गया,*
*सवाल दर सवाल जवाब कहाँ गया?"*

इस पूरे खण्ड में कई अनुगूँजें सुनाई देती हैं तो भविष्य के संकेत भी। गौर से देखें तो बच्चों वाले हिस्से उनकी अत्यंत चर्चित कविता 'बच्चे काम पर जा रहे हैं' की पूर्वपीठिका लगती है। यहाँ का रा आवेग पककर उस कालजयी कविता का रूप ले सका है। अंतिम पंक्ति प्रसिद्ध जनगीत 'घिरे हैं हम सवाल से' की याद दिलाता है। मुझे उसका रचनाकाल ज्ञात नहीं, लेकिन उसका स्पष्ट प्रभाव दिखता है।

असल में कविता यहाँ अपने अंत को पा चुकी थी।

इसके बाद के अंतिम चार खण्ड अतिकथनों से भरे एक युवा कवि की उद्दाम आशा के खण्ड हैं। इन्हें पढ़ते बार-बार लगता है कि कवि अपनी निराशा को दुगने तिगने उत्साह से ढँकने के लिए इतिहास से लेकर वर्तमान तक की जल्दबाज यात्राएँ करता है। वह प्रतीकों, उदाहरणों और दृश्यों की तलाश में भटकता है, लगभग उत्तेजना की सी स्थिति में लगातार बोलता चला जाता है, कई बार असंबद्ध, कई बार एक टूटी हुई लय में और कई बार एक सुसंगत स्वर में भी। उसे हर हाल में मुक्तिकामी जन को विजय पथ पर ले जाना है अपनी कविता में। एक सुनिश्चित से अंत की ओर। तो वह अपनी कविता को चाबुक लगाने से भी नहीं चूकता। उसके लिए कविता द्वितीयक होती चली जाती है, राजनीतिक रूप से सही होने की आकांक्षा प्राथमिक और कविता जैसे हिचकोले लेते हुए भागती है। इस उद्यम में वह अकविता के से शिल्प को अपनाने से भी नहीं घबराता, दुहरावों की चिंता नहीं करता, इतिहास और वर्तमान के गैप्स भरने की सचेत कोशिश भी नहीं। बस जैसे उस अंत पर पहुँचने की जल्दी है, बल्कि कहें एक मनचाहा अंत गढ़ने की जल्दी। असल में कविता इन्हीं खण्डों में इतनी predictable और इकहरी हो जाती है कि लम्बी कविता के अनिवार्य गुण, एक सतत् तनाव को खो देती है। एक लम्बे भाषण में तब्दील होकर वह सपाट बयान बन जाती है। इस शोर-शराबे में कुछ अच्छी पंक्तियाँ भी छिप जाती हैं। कविता जिस उद्दाम आशावादी स्वर के साथ समाप्त होती है, वह अपेक्षित असर नहीं छोड़ पाता।

## (चार)

यह लेख शुरू करने से पहले हुई निजी बातचीत में राजेश जोशी ने मुझसे कहा कि–'अब तो मैं ख़ुद इस कविता को ख़ारिज-सा कर चुका हूँ।' हालाँकि एक बार लिख जाने और छप जाने के बाद कविता पर जनता और पाठक का अधिकार कवि जितना ही हो जाता है, तो कवि द्वारा उसे ख़ारिज किये या न किये जाने का कोई ख़ास मतलब नहीं रह जाता, लेकिन यह देखना मानीखेज़

होगा कि इस ख़ारिज किये जाने के सबब क्या हैं? क्यों एक श्रमसाध्य प्रक्रिया से गुज़र कर पूरी ईमानदारी और राजनैतिक प्रतिबद्धता के साथ लिखी गई एक लम्बी कविता लिखे जाने के तीस साल बाद कवि को काम की नहीं लगती, वह भी तब जब कवि की पक्षधरता और वाम राजनीति से संबद्धता में कोई कमी नहीं आई। राजेश जोशी आज भी उन गिने चुने कवियों में से हैं, जिनकी सक्रियता सिर्फ़ लेखन तक सीमित नहीं।

इसके उत्स शायद इस कविता की संरचना में हैं, जो पॉलिटिकली करेक्ट होने, अपने समय के मुहावरे को लाँघने की जगह पूरी तरह साधने और उसमें उलझ जाने तथा तात्कालिकता के दबाव में कविता को एक राजनीतिक स्टेटमेंट भर की तरह बरतने में रूपायित होती है। युगसत्य को पहचानने और उसे बिना किसी दबाव के कह देने में राजनीतिक प्रतिबद्धता कतई बाधक नहीं होती। दिक़्क़त तब होती है, जब प्रतिबद्धता को सच पर मुलम्मे चढ़ाने के लिए उपयोग किया जाता है। जब एक सत्य को किन्हीं सिद्धांतों के अनुरूप गढ़ने की कोशिश की जाती है। यहाँ मुक्तिबोध की लम्बी कविता 'अँधेरे में' को याद किया जा सकता है। वहाँ जिस जुलूस को मुक्तिबोध देख पा रहे हैं, उसे किसी अन्य काल्पनिक जुलूस से निष्प्रभावी करते या आशावाद के अतिरिक्त दबाव में कोई काल्पनिक दृश्य पैदा नहीं करते। पूँजीवादी समाज के प्रति उनकी घृणा अप्रश्नेय है, नए समाज के निर्माण की आकांक्षा अनाहत और जनता में विश्वास अगाध। लेकिन इसे कविता में कहने के लिए वह अतिकथन का सहारा नहीं लेते, अतिरिक्त उम्मीदों और संघर्षों के अतिरेकी वर्णन की जगह वह ठहर कर उनकी विवेचना करते हैं, रास्तों को आलोकित करते हैं और अपने समय की सबसे भयावह विडम्बनाओं को रेशा-रेशा साफ़ करके दिखा देते हैं। इसीलिए वह जो फैंटेसी का शिल्प रचते हैं वह पूरी तरह से सफल होता है और वह ही नहीं बल्कि भूल गलती, ब्रह्मराक्षस जैसी कवितायें अपने लिखे जाने के पचास साल बाद भी प्रासंगिक बनी हुई हैं और लाइटहाउस-सी काम आती हैं। जनपक्षधर ताक़तों में कभी रामविलास जी ने केदार नाथ अग्रवाल की कविताओं के लिए कहा था कि जब देश में जनांदोलन होंगे तो केदार जी की कवितायें जन-जन

के ज़ुबान पर होंगी। जनांदोलन हुए, लेकिन उन्हें पार्टीलाईन पर नहीं होना था तो उस लाइन पर लिखीं केदार जी की कवितायें उनके काम भी नहीं आई। काम आई तो मुक्तिबोध की कविता या फिर जनांदोलनों के बीच रहकर लिखी गयीं, नागार्जुन की प्रोपेगेंडा कविता। कविता से नारे या पार्टी लाइन प्रचार की कोशिशें हमेशा कविता की क़ीमत पर ही होती हैं और इसीलिए किसी दौर में तात्कालिकता और पॉलिटिकल करेक्टनेस के दबाव में लिखी कविताएँ समय के साथ धुंधली पड़ जाती हैं। समरगाथा के लिए भी ठीक यही कहा जा सकता है। इतिहास की कंदराओं में भटकते हुए वह इतिहास के साथ न्याय नहीं कर पाते तो वर्तमान को अपनी तरह से व्याख्यायित कर उसे ठीक से समझे बिना मनचाहा भविष्य गढ़ने की कोशिश में वह भविष्य के साथ भी न्याय नहीं कर पाते। अपने ईमानदार मंसूबों के बावजूद कविता टुकड़ों में तो प्रभावित करती है लेकिन उसका कोई समग्र सकारात्मक प्रभाव पाठक तक नहीं पहुँचता। अपने इतिवृत्तात्मक स्वरूप में वह न तो एक स्वप्नलोक रच पाती है न ही वह तनाव पैदा कर पाती है, जो पाठक को अपने समय की विडम्बनाओं से जूझने की बेचैनी दे पाये। थोड़ा कठोर होकर कहा जाए तो यह यथार्थ की जगह एक आभासी यथार्थ रचने वाली कविता है...लम्बी कविता से बड़ी कविता न बन पाने के लिए अभिशप्त। एक परिपक्व कवि और पाठक के रूप में शायद राजेश जोशी को यह एहसास ही इसे ख़ारिज करने पर बाध्य करता है।

●●●

# नोट्स